KB269171

리더처럼
질문하라

리더처럼 질문하라

머리말

성공하는 사람은 질문이 다르다!

왜 어떤 리더는 성공하고 어떤 리더는 실패할까? 경영자뿐 아니라 회사생활을 하는 직장인이라면 누구든 생각해보는 문제다. 세계적인 최고경영자(CEO)들의 성공 사례를 분석하며 찾은 답은 하나였다. 그들은 리더로서 정확한 질문을 할 수 있었다.

비록 국적과 업종은 다르지만 CEO들이 했던 고민은 한국의 과장, 대리들의 그것과 큰 차이가 없었다. 어떤 이들은 업종의 경기 순환에 따라 나락에 빠진 회사를 구해야 할 과제를 짊어지기도 했으며 변화를 두려워하는 직원들을 데리고 새로운 길을 개척해야 하기도 했다. 어떻게 하면 새로운 아이디어를 사업에 적용할 수 있을지 끊임없이 생각했으며 고객의 마음을 어떻게 움직일지도 고민해야 했다.

무엇보다 이들은 제대로 된 질문을 해야 했다. 정확한 해결책은 결국 "무엇을 해결할 것인가"라는 질문에서 시작하기 때문이다. 지금 조직이 맞닥드린 상황에 대한 정확한 진단과 치열한 고민이 제대로 된 질문을 가능하게 한다.

우리는 이들이 질문하고 답을 찾아가는 과정을 통해 많은 한국의 독자들도 각자의 해결책을 찾아갈 수 있기를 바란다. 이 책에 나오는 CEO들은 업종도, 국적도 다르다. 하지만 지금도 많은 한국 경영자들과 직장인들이 뜬 눈으로 밤을 지새우는 고민을 해결해 실행에 옮겨 성공한 사람들이기 때문에 우리가 원하는 해답을 찾을 수 있을 것이다.

이 때문에 이 책은 철저히 구체적인 상황에 대한 여러 CEO들의 과제와 대응을 중심으로 씌어졌다. 명성보다는 구체적인 상황에서 얼마나 효과적인 해결책을 내놨는지를 중심으로 집필했다. 스티브 잡스나 잭 로치 등 누구든 들으면 알만한 이들이 이 책에는 나오지 않는 이유다.

직위가 올라갈수록 적절한 조언을 얻기가 어렵다는 직장인들의 고민을 흔히 듣는다. 신입사원 시절처럼 자신을 꾸짖고 잘못을 바로 잡아줄 이도 없고 가까이서 보고 배울 상사나 선배는 직위가 올라갈수록 줄어든다. 그에 반비례해 내려야 할 결정의 무게는 커진다. 꼭 관리자가 아니더라도 주변에서 좋은 멘토를 얻기란 쉽지 않다. 지금도 회사의 미래를 고민하고 있는 많은 직장인들과 창업가들에게 이 책이 한 가닥 길을 보여줄 수 있게 되기를 희망한다.

3장 실행하라 Execute

START

— 1장 —

시작하라

넘어지고 좌절해도 괜찮다

인생의 좌절을 어떻게 극복하고 성공할 수 있을까?

"만약 내가 이혼녀라는 낙인을 부끄러워하며 골방에 처박힌 인생을 살았다면 세계 최고 여성 CEO가 된 지금의 나는 존재하지 않았을 겁니다. 살아남아야 한다는 처절함은 가능성을 극대화합니다. 절실함은 뇌를 자극해 기대를 훨씬 뛰어넘는 아이디어를 만들어내고 실행에 옮기는 동력이 됩니다. 젊은 날 겪은 인생의 좌절은 나를 성장시켰습니다. 자신을 위로하는 데만 집중하지 마세요. 슬픔의 에너지를 일로 승화시키십시오. 당신도 얼마든지 성공할 수 있습니다."

템프스텝(Tempstaff) 창업자 시노하라 요시코(篠原欣子)

나도 성공할 수 있을까? 알 수 없는 일이다. 다만 하위 10%에서 시작한 사람들은 성공 신화를 계속 써 나가고 있다. 개천에서 용 나기 어려운 세상이라지만, 개천에서 용이 되어 지금 세계 일류로 손꼽히는 사람들이 있다. 세계 일류가 된 사람들의 초라한 시작은 지금 우리의 초라함이 '순간'에 지나지 않음을, 내일은 다를 수 있다는 작지만 강한 믿음을 준다.

시작은 초라했으나 끝이 창대해지려면 성공에는 무르익음이 필요함을 깨닫고 지난한 시간을 견디며 계속 노력해 나갈 수 있는 힘이 필요하다. 이번 장에서 소개하는 세계 일류 CEO들은 모두 인생의 고속도로를 묵묵히 닦으며 때를 기다렸다. 대한민국이 원조를 받는 나라에서 원조를 하는 나라로 고속 성장한, 전쟁으로 폐허가 된 나라에서 세계 일류로 발돋움할 수 있었던 비결은 성장의 바탕이 되는 기본을 잘 닦았기 때문이다. 삶도 다르지 않다. 탄탄대로의 삶을 살기 위해서는 먼저 시간과 정성을 쏟아 당장에는 두각을 나타내지 못하더라도 자신이 하는 일에 충분한 실력을 쌓아가야 한다. 성공은 겹겹이 쌓인 인내와 단련의 시간을 필요로 한다.

로또에 당첨된 사람에게 그 누구도 성공한 삶을 살고 있다고 말하지 않는다. 비전을 향한 끝없는 노력이 이루어질 때 결국 성공의

문이 열린다. 이혼, 장애, 질병, 가난 등 현재의 결핍에 갇혀 산다면 악조건은 독이 되지만, 승화한다면 결핍은 약이 될 수 있다. 누구 못 지않게 어려운 시간을 보냈지만 부족함을 노력으로 승화시켜 세계 일류가 된 CEO들은 '당신도 할 수 있다'고 말한다.

이혼해도 괜찮다

2010년 영국의 〈파이낸셜타임스〉는 템프스텝(Tempstaff) 창업자인 시노하라 요시코(篠原欣子) 사장을 '세계 최고 여성 CEO' 7위로 선정했다. 템프스텝은 연 매출 2,200억 엔을 올리는 종합인재컨설팅 기업이다.

시노하라 요시코는 27세에 이혼했다. 1960년 대 일본은 여성의 이혼이 사회적으로 용인되지 않던 시기였다. 친오빠는 친정으로 돌아온 여동생의 뺨을 때렸고, 어머니는 말없이 눈물만 흘렸다.

시노하라는 1934년 일본 요코하마 시에서 5남매 중 넷째로 태어났다. 중학생 때 학생회장을 맡을 정도로 활달한 성격이었다. 성적도 좋아서 상업고등학교를 졸업한 뒤 학교장의 추천으로 한 회사의 사무 보조로 입사했다. 하지만 젊은 시노하라에겐 뚜렷한 목표가 없었다. 주어진 일은 열심히 했지만 결혼하면 끝이라고 생각했다. 여자는 전업주부로 사는 것이 당연하게 여겨지는 시대였다.

지인의 소개로 만난 남자와 가정을 꾸렸지만, 결혼 생활은 1년을 채 넘기지 못했다. 이혼 뒤 친정으로 돌아왔으나 가족들은 매몰찼다. 혼자된 딸을 데리고 사는 모양새가 좋지 않다는 이유에서였다.

시노하라는 당장 먹고살 걱정부터 해야 했다. 전문직으로 일을 하려면 무엇을 배워서 실력을 쌓을 것인지 고민하기 시작했다. 돌파구는 영어였다. 당시 일본엔 영어 인력을 필요로 하는 외국계 기업들이 많이 들어와 있었다. 시노하라는 반년치의 생활비만 들고 영국으로 훌쩍 떠났다. 낮엔 영어학원에 다니고, 저녁엔 세탁소에서 일했다. 4년이 지나자 영어가 점점 입에 붙었다.

일본으로 돌아온 1973년, 그녀는 8평짜리 원룸에 사무실을 차렸다. 인재파견업체 템프스텝은 '죽기 아니면 까무러치기' 심정으로 시작됐다. 시노하라는 "파견업이 천직인가요?"라는 질문을 받을 때마다 고개를 젓는다. "죽을 각오로 시작한 일이라 중간에 그만두지 못했을 뿐입니다. 어떤 일이라도 열정을 쏟으면 애착이 생기죠. 저는 이 일에 모든 것을 던졌습니다. 자그마치 39년 동안이요."

위기는 시노하라를 강하게 만들었다. 한 자회사가 위기에 빠졌을 때 그녀가 한 말은 "오히려 잘됐다"였다. 시노하라는 "위기를 극복하면서 얻은 경험으로 성숙해질 수 있다. 경영에서 가장 중요한 것은 죽을힘을 다해 해낸다는 각오"라고 했다.

가난해도 괜찮다

미국을 대표하는 글로벌 패션 브랜드 폴로(Polo) CEO 랄프 로렌(Ralph Lauren)은 아메리칸 드림을 이룬 주인공이다. 그는 1939년 뉴욕 브롱크스에서 유대인 이민자인 페인트공의 아들로 태어났다. 가정 형편이 넉넉하지 못했던 탓에 그의 꿈은 '부자가 되는 것'이었다.

고등학교 졸업앨범 사진 밑에 "백만장자가 되고 싶다"고 썼다.

고등학교 졸업 후 남성복 브룩스브러더스 세일즈맨으로 사회에 첫발을 내디뎠다. 스스로 패션감각이 뛰어나다고 생각한 로렌은 패션사업을 통해 부자가 되겠다는 꿈을 꿨다. 그래서 밤엔 뉴욕시립대학교에서 경영학을 공부했으나 등록금을 감당하기 어려워 결국 중도에 학업을 포기해야만 했다. 그는 패션사업으로 부자가 되려면 우선 디자인을 익혀야 한다고 생각했다. 장갑회사 세일즈맨으로 취직하여 곁눈질로 디자인을 배워나갔고, 남성복 브랜드 보 브럼멜의 넥타이 디자이너로 채용될 수 있었다.

패션계에서 백만장자가 되겠다는 강하고 뚜렷한 목표를 세우고 세일즈맨에서 디자이너로 착실히 실력을 쌓은 로렌은 자신의 이름을 딴 넥타이 브랜드로 사업을 시작했다. 그리고 남성복에 이어 여성복(1972년)은 물론 아동복(1976년), 향수(1978년), 가정용품(1983년), 골프웨어(1990년), 스포츠웨어(1993년)에 이르기까지 영역을 점차 넓히면서 폴로 제국을 확장해가고 있다.

한편, 31개국에서 6성급 호텔 82개를 운영하고 있는 포시즌스호텔(Four Seasons Hotel) 창업자 이사도어 샤프(Isadore Sharp)의 유년시절 역시 가난했다. 그가 자란 토론토 워드 지역은 당시 최대의 유대인 빈민가였다. 좁은 도로들 사이로 빼곡히 들어선 집들의 보일러에선 석탄재가 연신 뿜어져 나왔고, 쓰레기는 제때 수거되지 않았다. 그의 아버지는 건설현장 노동자로 일했고 어머니는 잡일을 하며 하루하루 가정을 꾸려나갔다. 어린 시절 샤프는 건설현장에서 일하는 아버지를 따라다니면서 집짓는 일을 배웠다. 건설현장에서 배운 포기를 모르는 근성과 몸으로 부딪히며 얻은 건설업에 대한 이해는 성공의 발판이 됐다.

스타벅스 CEO 하워드 슐츠 역시 뉴욕 브룩클린 빈민가에서 태어났다. 주변은 노숙자들로 넘쳤고 거리는 오물투성이었다. 그의 아버지는 트럭 운전을 하다 사고로 다리를 다친 뒤 의료보험 혜택조차 받지 못한 채 회사에서 해고됐다. 그래서 그는 12세 때부터 신문배달과 식당 아르바이트를 하며 돈을 벌었다. 그에게 삶의 탈출구는 미식축구였다. 친구들과 어울리다 보면 힘든 기억도 사라졌다. 슐츠는 노던미시간대학교에 체육 특기생으로 합격했다.

사람들과의 만남을 좋아했던 그는 후지제록스 영업사원으로 사회에 첫발을 내디뎠다. 하루 100통 넘게 전화를 걸고 물건을 팔기 위해서 어디든 갔다. 문전박대를 받기 일쑤였지만, 3년간의 세일즈맨 생활을 통해 포기를 모르는 근성을 배웠다.

가난을 딛고 일어선 CEO들은 수없이 많다. 〈어벤져스〉 시리즈를 대성공시킨 미국의 만화잡지사 마블(Marvel) CEO 아이작 펄뮤터(Isaac Perlmutter)가 지금의 자리에 오를 수 있었던 첫 단추는 길거리 장난감 사업이었다.

펄뮤터는 1943년 이스라엘에서 태어났다. 1967년 '6일 전쟁'으로 불리는 3차 중동전쟁에 참전한 직후 미국으로 이민을 왔다. 뉴욕에 도착했을 때 그의 수중에는 250달러밖에 없었다. 히브리어에 능통했던 덕분에 펄뮤터는 뉴욕에서 유대인 장례식의 사회를 맡을 수 있었다. 결혼한 뒤 그가 벌인 최초의 사업은 길거리에서 장난감과 미용용품을 판매하는 것이었다. 시작은 초라했지만 한 단계씩 밟아

가면서 마블의 CEO로 도약에 성공하여 디즈니에 마블을 매각했다. 디즈니의 핵심주주이자 경영진이 된 지금도 여전히 펄뮤터는 도전과 성장을 거듭하고 있다.

넘어져도 괜찮다

1975년 프랑스 파리 파크데프링스 경기장. 유럽 클럽축구 챔피언을 정하는 독일 바이에른 뮌헨과 잉글랜드 리즈 유나이티드 간 유러피언컵(현 챔피언스리그) 결승전이 열리고 있었다. 전반 42분 '뚝!…' 소리와 함께 그라운드를 질주하던 바이에른의 미드필더 울리 회네스(Ulrich Hoeneß)가 무릎을 부여잡고 쓰러졌다. 100m를 11초에 주파해 '유럽에서 가장 빠른 공격수'라는 별칭을 얻었던, 당대 최고의 공격수 게르트 뮐러와 짝을 이뤄 한 시즌(1973년) 53골을 합작하기도 했던 회네스가 넘어졌다. 창창한 24세의 나이에 선수생활을 접어야 하는 순간이었다.

그러나 좌절의 순간은 '탁월한 축구 CEO'가 탄생하는 순간이기도 했다. 1975년 우승 후 바이에른 팀은 급격히 쇠락해갔다. 유럽축구 무대 정상을 한 번도 밟지 못했을 뿐 아니라 분데스리가에서도 보루시아뮌헨글라트바흐, 함부르크SV 등에 챔피언 자리를 내줬다. 팀은 750만 마르크에 달하는 빚더미에 올라앉았다. 비라도 오면 경기장 관중은 수천 명 수준으로 줄어 경기장이 텅텅 비었다. 구단 수입의 85%를 티켓 판매에 의존하고 있던 때라 타격은 더 컸다.

바이에른은 '위기 탈출'을 위한 해법의 하나로 비운의 스타 회네스를 영입했다. 그는 바이에른 전성기 시절 인물 중 유일하게 현역 선수가 아니었기에 경영진에 합류할 자격이 됐다. 구단은 회네스가 축구장에서처럼 기존 경영진과 호흡을 맞춰 정상화에 기여해주길 원했다. 1979년, 27세의 회네스는 분데스리가 소속 구단 역사상 최연소 이사에 임명됐다. 경영에 참여하면서 그는 구단을 19년 연속 흑자로 만드는 데 기여했고, 2009년 바이에른 뮌헨 회장에 올랐다.

독일 경제일간지 〈한델스블라트(Handelsblatt)〉는 회네스가 60세 생일을 맞은 2012년 1월 특별판 기사에서 "회네스는 선수시절 10개의 트로피를 들어 올렸지만, CEO가 된 이후엔 40회 이상 우승의 기쁨을 맛볼 정도로 경영자 시절이 더욱 빛났다. 운동선수에서 경영자로 변신한 가장 성공적인 사례"라고 평가했다. 회네스에게 부상은 더 큰 성장을 위해 꼭 필요한 통과의례였다.

"아무것도 가진 것이 없는 내 인생도 빛날 수 있을까?" 한탄하는 사람들에게 일침을 가하는 세계 일류 경영자들의 삶을 소개했다. 이들의 이야기를 들으면서 "에이, 나보다 더 좋은 대학을 나왔는데 뭐", "집안도 좋네", "역시 능력을 타고난 거야"라고 투덜거리는 사람은 없을 것이다. 그들은 인생의 '바닥'에서 시작했지만 한탄하는 대신 노력했고, 포기하는 대신 도전으로 자신의 길을 만들어냈다. 취업에 계속 실패하는 사회초년생에게, 실직의 압박 속에서 하루하루 버티는 30~40대 직장인에게, 퇴직 후 인생 2막을 시작하며 두려움을 느끼는 장년층에게 그들이 주는 한결같은 교훈은 '넘어져도 괜찮다'는 것이다.

02

아직도 환경을 탓하는가?

환경도 바꿀 수 있을까?

사람은 환경을 닮는다. 내가 성장하고자 하는 영역이 활성화되어 있는 곳에서 시작하는 것이 좋다. '맹모삼천지교' 이야기는 지금 우리가 있어야 할 곳을 가장 정확히 일러준다. 아버지를 일찍 여읜 맹자가 어머니와 처음 살았던 곳은 공동묘지 근처였다. 매일 곡(哭)소리를 듣고 자란 맹자는 곡하며 장사 지내는 사람을 따라하며 놀았다. 이렇게 키워선 안 되겠다고 생각한 맹자의 어머니는 시장으로 이사했다. 그러자 맹자는 매일 시장에서 물건을 사고파는 장사꾼을 흉내 냈다. 아들을 학자로 키우고 싶었던 맹자 어머니는 글방 근처로 이사했고, 그제야 맹자는 예법에 관심을 기울였다.

사람은 자신이 속한 네트워크의 영향력 안에서 성장한다. 지금 어떤 사람과 함께 시간을 보내느냐가 내일의 기쁨과 성공을 결정짓는다. 지금 보고 듣고 느낀 것이 내일의 산출물이 된다. 하버드대학교는 행복이나 비만도 전염된다는 연구 결과를 발표했다. 연구 결과에 따르면 친구가 행복할 경우 당사자는 15%, 친구의 친구는 10% 더 행복하다. 또 평균적으로 비만인 사람은 친구와 친구의 친구까지도 비만인 경우가 많다. 사회 네트워크와 커뮤니티 속 행동양식이 무의식 중에 전염되기 때문이다.

세계 1위로 손꼽히는 가수 레이디 가가(Lady Gaga)를 발굴하고 키운 매니저 카터는 흑인 슬럼가에서 자랐다. 그는 "펀드매니저와 의사는 우리와는 다른 세계에 사는 사람들이었다. 나에겐 마약을 팔거나 랩을 하거나, 둘 중 하나의 선택밖에는 없었다"고 어린 시절을 회고했다. 역설적으로 그는 흑인의 소울 문화에서 성장해 음악계의 대부가 될 수 있었다.

환경은 제2의 DNA이다. 지금 속한 환경이 미래를 결정짓는다는 자각은 부지불식간에 환경에 전염당하는 일을 미연에 방지하고, 주체적으로 환경을 수용하고 개선, 발전시켜 나가는 가능성을 열어준다. 자신이 자라난 환경을 자양분으로 삼아 세계 일류 CEO로 성공한 사람들은 성장의 자극제가 풍부한 환경에서 살아야 한다는 교훈을 준다. 또한 현재 속한 환경에서 가장 무르익은 것, 가장 좋은 것에 자신을 가능한 한 자주 노출시키는 것이 좋다.

'슬럼가의 꼬마' 가 '힙합업계의 신데렐라' 로

오늘날의 레이디 가가를 만들어낸 트로이 카터(Troy Carter)의 어린 시절은 불우했다. 홀어머니는 감염 위험에 노출된 병원 수술도구를 닦는 일을 했다. 어머니는 쉬는 날 없이 하루 12시간 넘게 일했고, 카터와 그의 동생은 거리를 떠돌았다.

카터는 주변의 유혹을 이겨내고 마약을 파는 대신 음악을 택했다. 래퍼를 꿈꿨지만 곧 자신이 음악을 직접 하기보단 좋은 음악을 발굴하는 데 소질이 있음을 깨달았다. 고등학교 친구들 중 랩을 잘하는 두 명을 찾아 그들의 데뷔를 도왔다. '제지 제프 앤드 프레시 프린스'가 그의 작품이다. 할리우드의 슈퍼스타로 자리 잡은 윌 스미스가 둘 중 한 명이었다.

음악산업계를 기웃거리던 그에게 첫 번째 기회가 찾아왔다. 유명 래퍼이자 사업가인 피 디디(P Diddy)를 만난 것. 피 디디는 카터의 소질을 알아보고 유명 힙합음악 기획사인 베드 보이에 그를 취직시켰다. 카터는 피 디디를 보고 "고졸 출신의 흑인도 백만장자가 될 수 있다는 걸 알았다"고 말했다.

음악계에 진출한 그는 전설적 래퍼인 '노토리어스 비아이지(Notorious B.I.G)'를 발굴하는 등 승승장구했다. 하지만 대기업 내에서의 성공에 만족할 수 없었다. 그가 보기에 대형 음반기획사 대표들은 음반 판매량에 치중했을 뿐, 진짜 슈퍼스타를 발굴하는 데는 관심이 없었다. 2004년 자신만의 회사를 세우기로 결심했다.

2008년 어느 날, 카터의 사무실에 친구가 키 작은 신인 가수 한 명을 데려왔다. 스테파니 게르마노타라는 길고 이상한 이름을 가진, 평범한 외모의 여자였다. 그게 카터의 인생에서 찾아온 두 번째 기회였다. 카터는 그녀의 음악을 듣는 순간 본능적으로 자신이 슈퍼스타를 찾았음을 깨달았다. 그녀가 바로 가가다. 비록 빈민가였으나 흑인 음악 소울이 충만한 환경에서 자랐기에 카터는 가가를 알아보았고, 그녀를 세계에서 가장 영향력 있는 가수로 성장시킬 수 있었다.

인간 문명을 만드는 실리콘밸리의 창고

실리콘밸리의 역사는 '창고의 역사'다. '실리콘밸리의 아버지'로 불리는 프레데릭 터만(Frederick E. Terman) 스탠퍼드대학교 공대 교수는 1940년대 후반 혼자 힘으로 스탠퍼드대학교 공대를 육성했다. 스탠퍼드 산업단지를 만들었고, 산업의 불모지를 실리콘밸리의 터전으로 만들었다. 하지만 그가 실리콘밸리의 아버지로 불리는 더 중요한 이유는 따로 있다. 실리콘밸리의 핵심 가치인 '창업 정신'을 뿌리내렸다는 것이다.

그는 유능한 인재들이 당시 산업의 중심지였던 보스턴 등 동부로 떠나는 것을 안타까워했다. 그래서 뛰어난 제자들에게 창업을 독려

했다. 대표적인 제자로는 실리콘밸리 1호 벤처기업인 휴렛팩커드(HP)를 만든 빌 휴렛(Bill Hewlett)과 데이비드 패커드(David Packard)가 있다. 1930년대 그들이 창업을 시작한 창고는 실리콘밸리의 발상지로 지정됐다.

세계 최초의 전자상거래업체인 아마존을 탄생시킨 제프 베조스(Jeff Bezos)도 실리콘밸리 문화에서 성장했다. 제프 베조스는 1994년 애플, 구글처럼 차고를 수리한 작은 창고에서 자신의 회사를 세웠다. 제프 베조스는 아마존을 창업하기 전 여러 회사를 떠돌았다. 1980년대 말 프린스턴대학교 졸업을 앞두고 내로라하는 기업들로부터 수십 번의 러브콜을 받았다. 텍사스 지역 영재학교 시절부터 뛰어난 재능 때문에 회사들이 주목하던 인재였다. 하지만 그의 선택은 신생 벤처기업 '피텔'이었다. 여기서 시스템 구축을 담당하다가 이후 몇 개의 금융회사를 거쳐 헤지펀드 '디이 쇼(DE Shaw)'에 자리 잡았다. 그리고 1년 만에 수석부사장 자리에 올랐다. 서른을 갓 넘긴 당시 그의 연봉은 100만 달러에 달했다.

바쁜 나날을 보내던 중 한 줄의 기사가 베조스의 눈을 사로잡았다. 1994년 당시 인터넷 이용 인구가 1년 만에 24배나 늘었다는 기사였다. 베조스는 디이 쇼의 창업자 데이비드 쇼를 찾아가 인터넷으로 도서 판매를 하자고 제안했다. 아직 인터넷 쇼핑몰에 신뢰가 없는 고객에게 어느 곳에서 사도 같은 품질을 보장할 수 있는 유일한 제품이 책이라고 생각했기 때문이다. 그러나 베조스의 제안에 경영진의 반응은 시큰둥했다.

베조스는 그 길로 회사를 뛰쳐나왔다. 대학 동기들에게 연락해

200만 달러를 빌렸다. 사무실 임대 비용을 아끼기 위해 자신의 차고를 수리했다. 200만 달러는 모두 창업자금으로 쏟아부었다. 세계 최초의 전자상거래 업체 '아브라카다브라(Abracadabra)'가 탄생하는 순간이었다.

그는 당시 상황에 대해 "80세가 넘어 과거를 돌아보면 어떨까 생각했다. 후회하지 않는 길을 찾았고, 결론은 창업이었다"고 회상한다. 인터넷이라는 시대의 흐름에 자신을 온전히 내던져야 죽기 전에 후회하지 않을 거라는 믿음이 그를 창업의 길로 이끈 것이다. 이후 회사 이름이 너무 길다는 지적에 따라 세계에서 가장 긴 강인 아마존으로 회사 이름을 바꿨다. 경쟁사보다 회사가 더 커지길 바라는 뜻을 담았다.

작은 창고에서 시작된 아마존은 2012년 매출 610억 달러를 기록했다. 아마존의 주가는 지난 5년간 220% 뛰었다. 베조스의 개인 자산은 252억 달러. 〈포브스〉 선정 세계 19위 갑부다. 또한 미국의 경제전문지 〈포천〉은 베저스에 대해 "그는 지금껏 한 번도 혁신을 멈춘 적이 없다. 혁신을 멈추지 않았던 이유는 후회하지 않는 삶을 살기 위해서였다"고 평가했다.

유튜브(Youtube) 창업자 스티브 첸(Steve Chen)도 실리콘밸리가 낳은 인재다. 1990년대 말 미국 실리콘밸리에는 '닷컴 열풍'이 불었다. 유능한 인재들이 끝없이 몰려들었다. 실리콘밸리는 무일푼에서 억만장자가 되는 일이 가능했던 '꿈의 무대'였기 때문이다. 스티브 첸도 그중 한 명이었다. 일리노이대학교 졸업을 한 학기 앞두고 있던 그는 학교 선배들로부터 전자결제업체 페이팔(Paypal)에 지원하라는 권유를 받았다.

그는 맨 처음 페이팔에 지원했다. 면접관은 "인력난 때문에 졸업할 때까지 기다릴 수 없다"고 말했다. 그는 페이팔 면접관에게 "다음 주에 샌프란시스코로 가겠다"고 답했다. 꿈에 그리던 실리콘밸리로 갈 기회가 왔고, 과감히 학업을 포기했던 것이다. 스티브 첸은 이렇게 사회에 첫발을 내디뎠다.

1999년 페이팔에 입사했을 때 첸은 21세였다. 페이팔은 당시 수요가 급증한 인터넷 쇼핑ㆍ경매 사이트에 전자결제 서비스를 제공하며 성장했다. 페이팔이 성장한 것은 우수한 엔지니어들 덕분이었다. 페이팔 초창기 엔지니어들은 훗날 링크트인 등 실리콘밸리의 유망 기업을 육성하여 '페이팔 마피아'라고 불렸다. 유튜브를 공동 창업한 채드 헐리, 자웨드 카림도 페이팔 초기 멤버다. 페이팔은 2002년 나스닥에 상장했다. 시가총액이 7,020만 달러에 달했다. 실리콘밸리에서는 지금 이 시간에도 수많은 창고 기업이 잉태되고 성장하고 있다.

환경이 키운 패션에 대한 열정

세계적인 패션 디자이너 베라 왕(Vera Wang)의 꿈은 피겨스케이팅 선수였다. 그러던 그녀가 패션에 열정을 갖게 된 것은 어머니 영향이 컸다. 중국계 미국인으로 유엔에서 통역가로 활동했던 그녀의 어머니는 최신 유행에 민감했다. 베라 왕은 멋쟁이 어머니를 따라 뉴욕과 파리의 미술관, 박물관, 패션쇼 등을 다니며 일찍부터 패션 세계를 접했다.

사라로렌스대학교 재학 시절에는 잠시 프랑스 파리에 머물기도 했다. 패션의 본고장인 파리 생활은 패션에 대한 그녀의 열망을 더욱 부추겼다. 미국으로 돌아와 여름방학 때는 맨해튼의 이브생로랑 매장에서 점원으로 일했다. 그때 미국 패션지 〈보그〉의 편집자 프랜시스 패티키 스타인을 만났다.

스타인은 베라 왕과 짧은 대화를 나누면서 그녀의 뛰어난 패션 감각을 발견했다. 이 만남이 그녀를 패션의 세계로 이끌었다. 졸업 후 스타인에게 연락했고, 〈보그〉에 입사할 기회를 얻었다. 패션에 대한 베라 왕의 열정은 "바닥 청소도 좋고 봉투를 붙이는 일이라도 좋았다. 그저 패션의 일부가 되고 싶었다"고 말할 정도로 뜨거웠고, 그 꿈을 이뤘다.

베라 왕은 어린 시절부터 패션의 정점을 이루는 곳에서 안목을 키웠고, 몸소 뛰어들어 밑바닥에서 시작해 일을 배운 덕분에 패션계의 대모로 성장할 수 있었다. 공기처럼 패션을 마시고 체화해 내뱉은 것이다.

지금 우리가 서 있는 환경이 우리의 내일을 결정짓는다는 말은 단순한 구호가 아니다. 인간은 환경의 동물이며, 환경을 자양분삼아 성장한다. 환경은 인간을 결정짓고, 인간은 환경을 선택할 뿐이다.

03

무엇이 불편하게 만드는가?

사업 아이디어는 어디서 찾는가?

필요는 창업의 어머니다. 세계 일류 CEO들이 사업을 시작하게 된 가장 주요한 이유는 자신이 필요한 것을 세상이 제공해주지 않는 불편함을 해결하기 위함이었다. 지금 자신이 겪는 치명적인 불편함을 해결하는 서비스를 만들거나, 지금 자신이 간절하게 필요한 제품을 만드는 것은 훌륭한 창업 아이템이 된다.

"내 옷을 빨아주는 곳이 있으면 좋겠다, 매일 아침밥을 배달해 먹을 수 있으면 좋겠다, 집 주변 배달 음식점들의 연락처를 바로 찾으면 좋겠다, 누가 나를 차로 데려다 주면 좋겠다" 등 예나 지금이나 일상은 불편한 것들로 넘쳐난다. 따라서 하고 싶은 것과 하기 싫은 것, 잘할 수 있는 것과 잘하지 못하는 것이 제각각인 인간은 분업화를 꾀하기 시작했다. 사회적 동물인 인간은 "내가 세탁소를 차려서 빨래를 대신 해줄테니 돈을 내세요, 당신이 목적지까지 태워주면 내가 택시비를 낼게요" 하는 식으로 더불어 살아간다. 그래서 끝까지 살아남으려면 사람들의 불편함을 지속적으로 해결해주는 서비스나 제품 파는 사업을 해야 한다.

비즈니스 아이템을 찾고 있다면 무엇이 나의 일상을 가장 불편하게 만드는지 살펴보는 것이 좋다. 밥 먹고 옷 입고 대중교통 이용하며, 의사소통하고 공부하며 여행하는 모든 과정에서 나를 성가시게 하고 짜증나게 하는 것이 무엇인지, 어떻게 하면 그 불편함을 해결할 수 있을지 다각도로 고민해봐야 한다. 알람시계조차 나의 늦잠을 해결해주지 못하고 있다면 더 강력한 해결책은 무엇일지, 가족의 개념이 다변화되는 요즘 가상의 부모와 자식 관계를 맺으려면 어떤 방식이 가능할지 등 표면적인 문제뿐 아니라 삶의 본질적이지만 충족

되지 않은 욕구를 깊숙이 들여다보자. 나라면 당장 그 서비스를 이용할 것 같고, 내가 가장 확실한 소비자일 때 사업의 성공 가능성은 높아진다.

세계 여성들이 입고 싶어 하는 속옷인 빅토리아 시크릿(Victoria's Secret)은 레이먼드라는 한 남성의 부끄러움에서 출발했다. 스탠퍼드 대학교에서 경영학을 전공한 그는 어느 날 아내에게 선물할 속옷을 사러 갔다가 난처한 상황을 겪었다. 아내의 사이즈도 잘 모르는데 줄줄이 걸려 있는 개성 없는 속옷을 여성 고객들을 비집고 일일이 들춰보느라 진땀을 뺐던 것. 그가 1977년 동네에 작은 건물을 임대해 '남자가 쇼핑하기 편한 여성 속옷 가게'를 연 것이 빅토리아 시크릿의 시작이었다.

아주 사소한 불편함에서 시작된 일류 기업은 수없이 많다. 불편함은 지금 존재하지 않는 새로운 서비스를 개발하거나 기존 제품의 부족함을 개선하는 더 나은 제품을 생산하게 만들어 소비자의 사랑을 받고 성장한다.

일상의 불편함을 창업으로 풀다

터키의 인터넷 업체 트렌디올(Trendyol)의 CEO 데메트 무틀루(Demet Mutlu)는 어린 시절부터 터키의 성공한 사업가인 아버지를 따라다니며 여러 나라 문화를 접했다. 1981년 뉴욕에서 태어났고 고등학교는 이탈리아에서 나왔다. 2002년 뉴욕대 경제학과를 졸업한 뒤 프록터앤드갬블(P&G), 레킷벤키저(Reckitt Benckiser), 알트리아(Altria) 등 다국적 기업에서 브랜드 매니저로 일하며 마케팅 감각을 익혔다.

2008년 직장생활을 잠시 접고 좀 더 체계적인 교육을 받기 위해 하버드비즈니스스쿨에 입학했다. 아버지는 무틀루가 경영전문대학원(MBA)을 졸업하고 자신의 회사에 들어와 일하길 원했지만, 그녀는 창업의 길을 택했다. 우연히 인생의 전환점이 된 계기가 찾아왔던 것이다. 2009년 터키 이스탄불에 머물던 무틀루는 미국에서 했던 것처럼 인터넷을 통해 옷을 주문하려고 했다. 하지만 터키에는 인터넷으로 옷을 살 수 있는 곳이 없었다. 이를 기회라고 생각하고 그해 9월부터 트렌디올을 창업하기 위한 준비에 들어갔다.

무틀루는 "당시 아버지가 두 달 동안이나 나에게 말을 걸지 않았다"고 회상했다. 그녀는 "터키에서는 다국적 기업에 취업하는 게 성공의 상징"이라며 "창업은 좋은 회사에 입사하지 못하는 사람이나 하는 것이라는 인식이 강했다"고 설명했다. 그러니 다니던 외국 기업을 때려치우고 회사를 세우겠다는 그녀를 주변에서 이해하지 못했던 건 당연했다.

반대를 무릅쓰고 시작한 일이지만 성공을 입증하는 데는 그리 오랜 시간이 걸리지 않았다. 2010년 3월 트렌디올 홈페이지를 개설한 뒤 한 달 만에 가입자 수가 10만 명에 달한 것이다. 터키 인구는 8,000만 명에 육박한다. 유럽에서도 인구수가 많은 편인 데다 35세 미만 젊은이들이 전체 인구의 63%를 차지한다. 젊은이들의 패션에 대한 욕구는 늘어나는데 제대로 된 쇼핑 사이트가 없었기 때문에 무틀루의 비즈니스 아이템은 성공하기에 최적의 조건이었던 셈이다. 미국의 대표적 벤처캐피털인 타이거글로벌펀드와 KPCB(Kleiner Perkins Caufield&Byers)가 무틀루에게 투자를 결정한 것도 터키의 성장세에 주목했기 때문이라는 평가다.

KPCB는 구글과 아마존에, 타이거펀드는 링크트인과 징가에 각각 투자해 유명해진 펀드들이다. 미국 외 지역에 거의 투자하지 않는 이들 펀드가 유럽의 변방인 터키의 온라인 패션 업체에 5,000만 달러를 투자한 것은 이례적이었다.

트렌디올은 온라인을 통해 의류와 액세서리 등을 판매하는 회사로 출발한 지 3년밖에 안됐다. 트렌디올이 주목을 끄는 것은 빠른 성장세가 아니라 독특한 사업모델 덕이다. 다른 인터넷 판매 회사와 달리 '밀라'라는 독자 의류 브랜드를 보유하고 있다. 자체 생산한 제품을 소비자에게 파는 것. 단순한 판매 중개인이 아니라 제조업도 겸하고 있는 셈이다.

무틀루는 미국 정보기술(IT) 전문매체 〈기가옴(GigaOm)〉과의 인터뷰에서 "우리의 비즈니스 모델은 프라이빗 쇼핑 클럽인 프랑스의 방트프리베(vente-privee), 미국의 길트그룹(Gilt Group) 등과 비슷하지만, 이들과 다른 점은 직접 옷을 생산한다는 것"이라고 말했다. 그녀는 창업 직후 옷을 직접 만드는 것으로 터키 시장 공략 방법을 세웠다. 터키는 패션산업이 크게 발달하지 않아서 개성을 표출할 만한 다양한 의류가 없다는 점에 주목한 것이다. 그래서 옷을 만들지 않고 다른 업체에서 구입해 파는 기존 인터넷 업체와 다른 길을 택했다. 밀라 브랜드 의류를 직접 생산해 판매하기로 한 그녀는 "고객의 잠재 수요를 이끌어냈을 뿐 아니라 아직 유명하진 않지만 독특한 감각을 갖고 있는 젊은 디자이너들에게 기회를 준 게 자랑스럽다" 고 말했다.

창업 14개월 만에 매출 1억 달러를 돌파한 의류 사업의 첫 시작은 인터넷에서 옷을 구매하고 싶으나 구매하지 못한 창업자 자신의 불편함에서 비롯됐다.

미국 역사상 가장 인기 있는 뉴욕시장으로 첫손에 꼽히는 블룸버그. 경제 전문 통신사 블룸버그의 창업자이기도 했던 그는 1981년 초 잘나가는 월스트리트의 금융인이었다. 1966년 하버드대학교 경영대학원 졸업 직후 투자은행 살로먼브러더스에 입사하여 7년 만에 파트너에 올랐다. 초고속 승진이었다. 하지만 그해 실업자 신세로 전락했다. 경기 침체가 심각해지자 회사는 어느 날 그에게 해고를 통보했다. 39세의 나이에 청춘을 바친 회사에서 하루아침에 쫓겨난 것이다.

그는 큰 충격을 받았으나 낙심하지 않았다. 위기를 기회라고 생각하고 퇴직금 1,000만 달러로 창업에 나섰다. 그는 창업 아이템을 멀리서 찾지 않았다. 월스트리트 트레이더로 일하면서 스스로 느낀 불편함을 해결하기로 한 것. 그가 현업에서 활동한 1960~1970년대에는 인터넷이 상용화되지 않았다. 대형 증권사도 과거 정보를 보려면 〈월스트리트저널〉 등을 일일이 뒤져야 했다. 거래 시스템도 불편하기 짝이 없었다.

그는 트레이더로 일할 때 느꼈던 자신의 고충을 해결하면 돈을 벌 수 있을 것이라고 판단했다. 컴퓨터와 금융정보를 결합, 월스트리트가 필요로 하는 금융정보 시스템을 개발하기로 한 것. 당시로선 말 그대로 혁신적인 창업 아이디어였으며 회사 이름도 '혁신시장시스템(Innovative Market Systems)'이라고 지었다. 이 회사가 '정보의 제국'으로 불리는 블룸버그통신으로 성장했다.

창업한 이듬해인 1982년 메릴린치(Merrill Lynch) 증권으로부터 첫 번째 주문을 받았다. 메릴린치가 이용하는 시스템이라는 사실이 알려지면서 블룸버그는 승승장구했다. 월스트리트를 장악해나가기 시작했던 것이다. 채권 관련 데이터로 시작한 사업을 주식, 뮤추얼펀드, 상품선물과 옵션 500만 개에 달하는 금융상품으로 확장했다. 1990년에는 뉴스 서비스를 내놓았다. 뉴스 서비스도 통신에서 TV, 라디오 등으로 영역을 넓혀 나갔다. 거대 미디어그룹으로 거듭난 것이다. 현재 전 세계에 설치된 블룸버그 단말기는 30여만 대에 이른다. 전 세계에서 실시간 뉴스를 전하는 기자만 2,300명이다.

2006년 95억 달러를 운용하던 아마란스어드바이저(Amaranth Advisor)라는 헤지펀드가 파산했을 때 일이다. 블룸버그통신은 이 회사에서 해고된 221명의 직원들에게 단말기를 무료로 이용할 수 있도록 했다. 블룸버그통신 사용료가 비싸 개인이 돈을 내고 이용하는 것은 부담스러웠기 때문이다. 해고자 중 180명이 몇 개월 사이 새로운 직장을 얻었다. "소중한 사람에게 최고의 서비스를 하라"는 블룸버그의 좌우명을 실천한 사례 중 하나다.

블룸버그통신이 제공하는 정보를 활용해 감각을 잃지 않은 덕분에 해고자들은 수월하게 새 직장을 얻을 수 있었다. 이들이 블룸버그의 팬이 된 것은 물론이다. 취업 조건 중 하나로 블룸버그 서비스를 제공해줄 것을 요청할 정도였다. 블룸버그는 CEO로 재직할 때 자신의 경험을 살려 이런 제도를 만들었다. 1981년 갑자기 해고당했을 때 회사에서 받던 서비스가 얼마나 절실했는지 기억해냈던 것이다.

세계 1위 클라우드서비스 업체인 드롭박스를 만든 드루 휴스턴(Drew Houston)의 첫 시작도 자신이 겪은 불편함에서 비롯됐다. 휴스턴이 처음 드롭박스를 고안하게 된 계기는 의외로 단순했다. 2006년 보스턴에서 뉴욕으로 가는 버스 안에서 그는 컴퓨터 저장장치인 USB메모리를 집에 두고 온 걸 깨달았다. 뉴욕에 도착한 그는 '인터넷이 되는 곳에서 언제든지 열어볼 수 있는 가상기억장치가 있었으면 좋겠다'고 생각했다. 이듬해 출시된 드롭박스는 '드롭박스 미(Dropbox me : 클라우드 서비스에 파일을 올리다)'라는 신조어까지 탄생시키며 클라우드 서비스의 표준으로 자리 잡았다.

이공계 명문인 미국 메사추세츠공대(MIT)에는 컴퓨터 천재들이 수두룩하다. 전 세계에서 내로라하는 이공계 영재들은 머리를 맞대고 밤낮 없이 새로운 기술 개발에 몰두한다. 이들 중 상당수는 졸업 후 창업에 도전하지만 실패하는 일이 비일비재하다. 대부분 기술에만 의지해 창업 전선에 나서기 때문이다. 그러나 드루 휴스턴은 사람들이 필요로 하는 것이 무엇인지에 집중했고, IT에 감수성의 옷을 입혔다. 휴스턴은 사람들이 자신의 일생이나 기억을 기록으로 남기고 싶어 하는 본능이 있다는 것을 알아챘다. 그리고 '기억의 저장고' 역할을 할 수 있는 드롭박스를 만들어냈다.

드롭박스의 회원 수는 2012년 말 기준 1억 명을 돌파했고, 매출은 5억 달러에 달했다. 회원의 90% 이상이 무료 회원이다. 휴스턴은 〈포브스〉와의 인터뷰에서 "우리가 드롭박스로 많은 돈을 벌 수 있는 비결은 '시간이 지날수록 추억의 양도 많아진다'는 단순한 진리를 응용한 덕"이라고 말했다.

불만을 스스로 해결하다

1989년 결혼식을 앞두고 베라 왕은 기분이 언짢았다. 마음에 드는 웨딩드레스를 찾을 수가 없었기 때문이다. 웨딩숍에서 추천하는 웨딩드레스는 요란한 장식이 주렁주렁 달린 낡고 오래된 디자인이 대부분이었다. 베라 왕은 직접 디자인하기로 마음먹었다. '베라왕' 브랜드의 첫 번째 웨딩드레스가 탄생한 순간이었다.

결혼식 후 그녀는 자신처럼 결혼을 앞두고 고민하는 신부들을 위해 웨딩드레스를 만들기로 결심했다. 이듬해인 1990년 뉴욕 맨해튼 카일호텔에 자신의 이름을 내건 첫 번째 웨딩숍을 열었다. 웨딩드레스 시장이 틈새시장이 될 수 있다고 생각한 것이다. 베라 왕은 우선 레이스와 구슬 등 장식을 과감하게 버렸다. 대신 고급스러운 소재를 택해 우아함과 자연스러움을 강조했다. 반응은 폭발적이었다. 웨딩드레스를 현대적으로 재해석했다는 평가를 받았다. 제품은 날개 돋친 듯 팔려나갔다. 작은 부티크로 시작한 베라왕 웨딩숍은 4년 만에 어엿한 브랜드로 자리 잡았다.

웨딩드레스의 성공을 발판으로 그녀는 2000년 기성복 사업에 뛰어들었다. 그리고 향수, 액세서리, 신발 등으로 사업 영역을 넓혀나가면서 성공에 성공을 거듭했다. 웨딩숍 문을 연 지 20년이 채 안 돼 베라왕그룹은 글로벌 패션기업으로 성장했다.

"이 정도라면 내가 호텔을 만들어도 되겠어." 신혼 첫날밤을 보내기 위해 캐나다 토론토의 한 호텔을 찾은 건설업체 부사장 이사도어 샤프는 투덜거렸다. 토론토에서 유명하다는 호텔을 어렵게 예약했는데 실망이 이만저만이 아니었다. 화장실은 옆방 사람들과 함께 사용하게 돼 있었다. 방음장치도 허술해서 옆방의 각종 소음이 고스란히 벽을 타고 들어왔다. 화를 꾹 참고 샤워하기 위해 욕실에 들어간 샤프의 부인은 고함을 질렀다. "비누와 욕실수건을 쓰는 데 왜 따로 돈을 내야 하는 거지? 물도 나오지 않아."

이렇게 첫날밤을 완전히 망쳐버린 샤프는 멍하게 천장만 바라봤다. 잠시 뒤 그는 벌떡 일어서며 "그래! 제대로 된 호텔을 만들어보자"고 외쳤다. 부인은 이해할 수 없다는 표정을 지으며 샤프를 바라봤다. 대학에서 건축을 배우고, 집만 지어온 샤프는 이 사건을 계기로 호텔업에 뛰어들 결심을 한다. 생활에서 느낀 불만을 스스로 해결하고자 새로운 사업에 뛰어들기로 한 것이다.

그로부터 수십 년 뒤 그는 31개국에서 6성급 호텔인 포시즌스호텔 82개를 운영하는 CEO가 됐다. 이사도어 샤프는 지금도 초심을 잃지 않으려고 노력하고 있다. "고객이 원하면 사소한 것이라도 무조건 바꿔야 한다"는 게 그의 좌우명이기도 하다.

04

좋아하는 일이 아니라면 무엇을 하겠는가?

사업 아이디어는 어떻게 선택하는가?

비단 사업뿐 아니라 어떤 일을 막론하고 선택의 핵심 키워드는 좋아하는 일을 하는 것이다. 무에서 유를 만드는 고통의 시간을 견디고, 더디게 성장하는 지난한 시간을 버티면서 지속할 수 있는 가장 강력한 힘은 좋아하는 일을 하는 것이다. 멀리서 사업 아이디어를 찾고자 애쓰지 말라. 매력적인 사업 아이템은 내가 가장 좋아하는 것과 시장 수요의 접점에 있다.

유니언스퀘어 호스피탤러티 그룹의 CEO 대니 메이어(Danny Meyer)는 한때 법률가 지망생이었다. 1983년 메이어는 미국 법학대학원 입학시험(LSAT)을 준비하고 있었다. 남들이 하는 것처럼 전공을 살려 법률가가 되는 길을 택하려고 했다.

LSAT 시험 전날 밤, 외삼촌이 저녁을 먹기 위해 그의 집을 찾았다. 메이어는 식사 도중 외삼촌에게 "내일 LSAT를 보지만 진짜 하고 싶은 일인지는 잘 모르겠어요"라고 말했다. 이 말을 들은 외삼촌은 반문했다. "어릴 때부터 입만 열면 온통 음식과 레스토랑 이야기만 했잖니. 레스토랑은 왜 하지 않는 거지?"

외삼촌의 말에 마음이 흔들렸다. '내가 하고 싶은 일을 잊고 살았구나.' 메이어는 LAST를 포기했다. 대신 무작정 이탈리아로 날아갔다. 식당일을 하기 위해서 레스토랑을 찾아다녔다. 첫 번째 식당에서 그는 게의 내장을 제거하는 허드렛일을 하며 일을 배우기 시작했다. 메이어는 이탈리아와 프랑스에서 주방 보조로 일하다 1985년 뉴욕으로 돌아왔다. 그해 10월, 그는 27세의 나이로 뉴욕에 '유니언스퀘어 카페'라는 레스토랑을 열었다. 1,500명의 직원을 둔 메이어는 2005년 최고의 레스토랑 CEO에게 주는 제임스 비어드 상을 받았다.

메이어가 법률가의 길을 버리고 식당 허드렛일을 택할 수 있었던 가장 큰 힘은 좋아하는 일을 향한 열정이었다. 좋아하는 일을 택하면 남의 시선을 신경쓰지 않게 되고 돈, 명예, 권력, 지위 등이 없어도 내면은 행복하다. 좋아하는 일을 지속하다 보면 더 잘하게 되고, 더 잘하고 싶은 열망이 생긴다. 메이어가 허드렛일로 시작했지만 최고의 레스토랑 CEO로 성장한 것처럼 말이다.

어떤 비즈니스를 택해야 하는지 고민이 된다면 내면을 들여다보는 것은 좋은 해답이 된다. 답은 이미 자신 안에 있는 경우가 많다. 준비물은 내면을 직시하고 그 답을 꺼내드는 용기일 따름이다.

커피를 향한 열정

일본에 가면 스타벅스보다 더 유명한 커피집이 있다. 도토루커피(Doutor Coffee)다. 30년 넘게 일본인들의 사랑을 받아온 이 브랜드엔 도토루커피 회장 도리바 히로미치(鳥羽博道)의 커피 철학이 담겨 있다. 커피를 통해 사람들에게 휴식과 활력, 위안을 제공하겠다는 것이다. 자신이 커피에서 영혼을 위로받았던 것처럼 말이다.

도리바 회장이 9세가 되던 해 어머니는 세상을 떠났다. 생활 능력이 없던 아버지는 유리로 인형 눈을 만드는 일을 시작했다. 아버지는 장사에 서툴렀다. 소년은 아버지 대신 인형 눈을 팔러 돌아다니다 보니 쉴 틈도, 공부할 틈도 없었다.

1954년 어느 날, 16세가 된 소년 도리바 히로미치는 여느 때처럼 인형 눈을 팔고 받은 돈을 계산했다. 그날따라 수지가 맞지 않았다.

지켜보던 아버지가 버럭 "이 얼간아!"라며 소리를 질렀다. 더 이상 참을 수 없었던 도리바는 그 길로 집에서 나와 홀로 도쿄로 향했다. 고향 사이타마 현 후카야시가 멀어지고 있었다. 그 순간 소년은 다짐했다. "친구들은 대학에 가겠지만, 난 지금 사회로 나간다. 대신 친구들이 사회에 나왔을 때 절대 그들에게 뒤지지 않겠다."

도쿄에 도착한 도리바는 작은 레스토랑에 취직했다. 주방 보조라 손엔 상처가 아물 날이 없었다. 첫 월급은 1,500엔. 당시 대졸 초임의 4분의 1 수준이었다. 기숙사 환경도 열악해서 벌레가 들끓고 악취가 났다.

업무 중에는 도리바가 좋아하는 일이 하나 있었다. 주방장에게 커피를 타주는 일이었다. 커피를 끓이면서 그는 자신이 마실 몫을 조금 남겼다. 향 좋은 커피 한 잔은 위안이었다. 도리바는 더 맛있는 커피를 만드는 법을 고민하기 시작했다. 커피 끓이는 솜씨가 나날이 좋아졌다.

도리바는 자신이 커피에서 받은 위안을 다른 사람에게도 선사하고 싶었고, 카페를 구상했다. 1960년대 일본에서는 순수하게 커피만 파는 커피숍이 거의 없었기 때문에 새로운 사업 아이템이었다.

그 당시 일본의 커피숍 내부는 사람 얼굴도 보이지 않을 만큼 어두웠다. 미인커피숍, 누드커피숍이라는 이름의 퇴폐업소도 많았다. 도리바는 '편안하고 밝은 커피숍'이라는 아이디어를 실현하는 데 어려움을 겪었다.

유럽 여행을 하던 중 도리바는 유럽 사람들의 일상에 커피가 깊이 뿌리내린 것에 감명을 받았다. 자리에 앉는 대신 카운터 앞에 서서 커피를 마시는 사람들의 모습도 보였다. 도리바는 가격이 다른 것에도 놀랐다. 일본 돈으로 테라스는 150엔, 테이블은 100엔, 서서 마시면 50엔이었다. 한 가지 생각이 머리를 스치고 지나갔다. "스탠딩 스타일(서서 마시는 방식)이 커피숍의 마지막 형태가 될지도 모른다."

일본으로 돌아온 그는 커피숍을 내기로 결정했다. 1972년 밝고 편안한 분위기의 카페 콜로라도를 열었다. 콜로라도는 이용 고객층과 시간대가 제한적이었던 다른 커피숍들과 달랐다. 아침엔 직장인들이 찾았고, 오전엔 상점 주인들이 왔다. 오후엔 프리랜서들로, 저녁엔 장을 보러 나온 주부들로 북적였다. 한가한 시간대가 없었다. 그때만 해도 커피업계에선 테이블이 하루 6번 회전하면 성공이라고 했지만 콜로라도에선 12번이 평균이었다. 1981년 콜로라도의 점포 수는 280개로 급증했다. 커피에 대한 사람들의 인식을 바꿔놓은 덕분이었다.

콜로라도의 성공으로 자신감을 얻은 도리바는 유럽식 커피문화를 좀 더 적극적으로 수용하기로 했다. 1980년 스탠딩 스타일 커피숍을 도입한 것이 바로 도토루 커피숍 1호점이었다. 도토루 매장은 현재 1,200여 개에 달한다. 도토루커피의 가격은 컵 당 150엔으로 일반 커피 값의 절반에 불과했다. 그런 가격은 테이블을 없애 임대료와 인테리어 비용을 줄였기 때문에 가능했다. 도토루 커피숍은 1981년 4개, 1983년 20개, 1987년엔 100개로 늘어났다. 칼렌 홈즈 전(前) 스타벅스 부사장은 도리바를 '아시아 커피업계의 혁명가'라고 불렀다.

도토루커피가 사랑받을 수 있었던 이유는 도리바가 항상 '커피가 사람들에게 무엇을 줄 수 있을까'를 생각했기 때문이다. 그의 원칙은 단순했다. 주방 보조로 고생할 때 마셨던 따뜻한 커피 한 잔의 위안을 기억하자는 것이었다. 자신이 좋아하는 커피에 집중했기에 장사는 저절로 잘됐다.

커피에 흠뻑 빠진 이가 또 있으니 스타벅스를 일군 하워드 슐츠다. 슐츠는 1981년 자신의 운명을 통째로 바꾼 기회를 맞았다. 제록스를 그만두고 가정용품 생산업체인 해마플라스트에서 일하고 있던 때였다. 시애틀의 한 작은 커피숍이 구형 드립식 커피 추출기를 대량 구입하고 싶다고 연락을 해왔다. '스타벅스'였다.

동네 커피숍 수준이던 스타벅스를 방문한 그는 풍부하고 깊은 커피 맛에 반했다. 당시 커피는 사람들에게 잠을 깨기 위한 각성제쯤으로 여겨졌다. 다시 회사로 돌아온 그는 스타벅스의 커피 맛을 잊을 수 없었다. 1년여 뒤 해마플라스트를 뛰쳐나왔고 스타벅스 마케팅 책임자로 자리를 옮겼다. 이탈리아 밀라노 출장 중 바 개념의 커피숍에 갔다. 에스프레소에 스팀밀크를 넣어 만든 깔끔한 카페라테와 열정과 낭만이 가득한 사람들이 편히 앉아서 커피를 즐기는 모습에 충격을 받았다.

슐츠는 카페라테와 바 스타일의 커피숍을 미국에 들여오자고 스타벅스 경영진에 제안했으나 받아들여지지 않았다. 당시 스타벅스는 샌프란시스코의 커피전문점 '피츠커피앤티' 인수에 정신이 없었기 때문이다.

실망한 그는 1986년 스타벅스를 나와 커피바 '일지오날레'를 시애틀에 차렸다. 세 번째 매장을 캐나다 밴쿠버에 낸 직후 스타벅스 경영진이 스타벅스 브랜드를 팔고 피츠만 경영하고자 한다는 소식을 들었다. 슐츠는 두 번 다시 오지 않을 기회라고 판단했다. 투자자들을 물색해 자금을 모았고, 마침내 그는 1987년 스타벅스를 인수했다. 커피와 스타벅스에 대한 애정이 전 세계인들을 스타벅스로 불러들이는 원동력이 됐다.

엄마의 맛을 부활시키다

그리스식 요구르트 초바니(Chobani)로 5년 만에 억만장자 대열에 오른 함디 울루카야(Hamdi Ulukaya). 터키 북동부 시골에서 태어난 그는 1994년 20세를 갓 넘긴 나이에 영어를 배우기 위해 홀로 미국 뉴욕 땅을 밟았다. 울루카야에게 가장 큰 힘이 된 건 고향의 맛과 어릴 적 향수. 당시 미국 내에선 터키 음식이 전혀 알려지지 않았다. 그나마 식품업계에서 터키의 이웃나라인 그리스의 식문화가 조금씩 알려지기 시작하고 있었다. 두 나라의 먹을거리 문화는 비슷한 부분이 많았다.

울루카야는 초고층 빌딩 숲속에서 흙냄새가 무척이나 그리웠다. 그보다 더 견디기 힘든 건 5명의 형제들과 나눠먹던 '엄마표' 수제 요구르트와 자연 발효 치즈에 대한 그리움이었다. 뉴욕 중심부를 벗어나 북부 외곽으로 이사를 간 그는 주중에는 뉴욕주립대학교 알바니캠퍼스의 학생으로, 주말엔 인근 농장에서 아르바이트를 하며 농장 일을 배웠다.

그러던 어느 날 아들을 만나기 위해 터키에서 날아온 아버지는 뉴욕의 한 레스토랑에서 식사를 한 뒤 이렇게 불평했다. "미국 사람들은 이걸 음식이라고 먹느냐"고.

터키 사람들의 식탁에는 빠지지 않는 네 가지가 있다. 토마토, 올리브, 치즈 그리고 요구르트다. 요구르트는 옛날부터 '신(神)의 음식'으로 통했다. 인도 고대 기록에도 요구르트와 꿀의 조합을 '신의 음식'이라 했고, 페르시아의 기록에서도 '아브라함의 생명이 빚지고 있는 음식'이라고 나와 있다.

아버지의 불평 한마디에 그는 미국에 터키식 요구르트를 선보이겠다는 결심을 하게 되었다. 그러나 사업 경험이 없는 외국 청년이 섣불리 미국 사람들에게 익숙하지 않은 낯선 제품을 갖고 일을 벌이기에는 리스크가 너무 컸다. 그는 터키식 요구르트에 대한 꿈은 잠시 가슴속에 품고 치즈 유통업부터 시작했다. 요구르트보다 저장 기간이 길고 만들기가 쉬웠기 때문이다. 뉴욕 존스타운에 페타치즈 전문 레스토랑 겸 치즈 유통업체인 '유프라테스'를 만들었다.

치즈 레스토랑은 그럭저럭 자리를 잡아갔지만, 가슴 한 편에는 '엄마표 요구르트'에 대한 그리움이 가시질 않았다. 2004년 어느 날 사무실에서 책상 정리를 하던 울루카야는 쓰레기통 안에 있던 광고 전단지 하나를 우연히 집어 들었다. 미국 식품 대기업 크래프트가 지은 지 84년 된 낡은 공장 하나를 처분한다는 내용이었다. "이거다" 싶었던 울루카야는 다음 날 공장이 있는 남부 에드메스톤으로 달려갔다. 그곳에는 얼룩으로 뒤덮인 회색 공장이 언덕 위에 위태롭게 서 있었다.

누구도 거들떠보지 않았던 공장을 그는 헐값에 매입했다. 2005년

여름 5만 달러의 소규모 창업자금 대출을 받았다. 터키에서 잘 알려진 요구르트 장인 무스타파 도간도 데려왔다. 크래프트 공장에서 일하던 네 명의 직원도 고용했다. 6명이 모여 처음 한 일은 공장 내부의 벗겨진 페인트를 칠하는 일이었다.

이후 제대로 된 요구르트를 선보이기 위한 대장정에 돌입했다. 우선 미국인들에게 익숙하게 다가가기 위해 '터키식'이라는 이름 대신 '그리스식'이라고 홍보하기로 했다. 어차피 이름만 다를 뿐 만드는 방식은 똑같았기 때문이다.

당시 그리스식 요구르트는 미국 요구르트 시장에서 2% 점유율에 불과했다. 위스콘신 주에서 누군가 중고로 내놓은 5만 달러짜리 요구르트 제조 기계를 사들였다. 그리고 그 기계를 양치기라는 뜻의 터키어 '초반'에서 따와 영어식인 '초바니'로 이름 붙였다. 고향의 맛을 찾기 위한 피나는 노력은 계속됐다. 그는 "6개월 넘게 사무실에서 길거리 피자를 먹고 버티며 수천 종류의 요구르트를 시음했다"고 회상했다.

추억 속 요구르트 맛을 되살리고 지키기 위해 모든 것을 바친 울루카야는 창업 5년 만에 억만장자 대열에 올랐다. 초바니는 현재 미국 내 그리스식 요구르트 시장에서 40%를 점유하고 있는 1위 브랜드다. 미국 아이다호와 뉴욕 맨해튼, 호주와 네덜란드에 공장 설비를 갖추고 1분에 480컵, 일주일에 100만 개가 넘는 요구르트를 만들어내고 있다. 창업 초기 4명이었던 직원은 현재 1,300여 명으로 늘었다. 뉴욕 소호에는 초바니의 플래그십 스토어가 생겨 관광 명소로 자리 잡았다. 이곳에서는 요구르트 전문가들이 수십 가지의 요구르트 음식을 직접 만들어준다.

순수한 열망은 인간을 강하게 한다. 대니 메이어의 레스토랑, 도리바 히로미치와 하워드 슐츠의 커피, 함디 울루카야의 요구르트가 그러했듯 대상에 대한 순수한 애정과 열정은 동료와 소비자에게도 고스란히 전해진다. 순수한 열망일수록 파급력은 넓고 강하다. 좋아하는 일을 쫓는 것은 어렵지만 지름길일 때가 많다.

05

기회는 오는 것인가, 잡는 것인가?

비즈니스 아이템의 성공 조건은 무엇인가?

좋아하는 일을 하는 것은 사업의 내용물이다. 사업의 성패는 그 내용물을 어떤 그릇에 담느냐에 좌우되기도 한다. 인간이라면 누구나 식욕 때문에 불편함을 느끼며 욕구를 충족하길 원하지만, 배고픔을 해결하기 위해 알약 하나면 충분한 시대가 올 것이다. 시대는 때때로 그 고유의 불편함과 필요를 만들어낸다. 시대에 대한 통찰 없이는 어떤 비즈니스 아이템도 성공하기 어렵다. 오늘날 가장 적합한 내용과 형식을 모색할 때 새로운 비즈니스 기회가 열린다.

인간 행위의 본질적인 내용은 원시에서 현재에 이르기까지 크게 변한 것이 없다. 다만 바뀐 것이 있다면 형식일 따름이다. 사람은 태어나서 먹고, 입고, 자고, 소통하고, 사랑하고, 결혼하고, 자식을 낳고, 일하다 죽는다. 이 일련의 활동을 '어떻게' 하는가를 읽어내는 것이 시대에 대한 통찰이다. 하지만 그 또한 지나간다. 변하지 않는 것은 없다는 것이 사업에서도 불변의 법칙이며, 현재를 사는 것이 인생의 진리이듯 현재에 가장 적합한 해결책을 제공하는 것이 불변의 사업 법칙이다. 짧은 맥을 읽으면 단기의 유행을 쫓게 되고, 긴 호흡을 읽어내면 트렌드를 선도하게 된다.

기술은 상호보완적이며 연쇄적으로 산업화된다. 디지털 카메라는 싸이월드와 동반 성장했으나 각자의 사정으로 후퇴했다. 디지털 카메라의 몰락을 이끈 스마트폰은 트위터, 페이스북, 유뷰브 등과 함께 성장하고 있다.

펩시콜라로 출발한 펩시는 탄산음료 시장에서 만년 2위였다. 그러나 건강을 중시하는 웰빙 흐름을 감지하고 발 빠르게 건강 음료 중심으로 사업 영역을 재편해 2005년 112년 만에 시가총액으로 코카콜라를 앞질렀다. 그 결과, 지금까지 세계 1위 식음료 업체로 굳건히 자리매김하고 있다. 펩시는 탄산보다 비탄산을 더 많이 파는 데, 시대 변화를 읽지 못한 코카콜라의 사업 영역은 여전히 탄산에 머물러 있다. 미국에서는 2006년부터 학교 내 청량음료 판매가 금지됐는데, 2000년 펩시의 여성 CEO인 인드라 누이(Indra Nooyi)는 2010년에 전 세계 학교 내 고칼로리 청량음료를 2년간 팔지 않겠다고 선언하기도 했다.

스마트폰으로의 재편을 읽지 못해 몰락의 길을 걸은 노키아처럼 변해야 할 때 변하는 것은 세계 1등에게도 어려운 일이다. 시대를 읽지 못한 비즈니스는 역풍을 맞으며 노를 젓는 뱃사공과 다름없다.

전 세계인을 시청자와 제작자로 만들다

유튜브 창업자 스티브 첸은 페이팔의 핵심 엔지니어였을 때 회사가 상장되어 200만 달러 이상 돈을 벌었다. 그해 페이팔은 전자상거래 업체인 이베이로 넘어갔다. 첸도 이베이의 매니저가 됐지만 그의 불만은 늘어갔다. 이베이의 경영방식이 마음에 들지 않았기 때문이다. 페이팔과 달리 이베이에서는 엔지니어들의 발언권이 약했다. 과거처럼 엔지니어들이 다른 부서 직원들과 논의하며 프로그램을 개발하는 것은 사실상 불가능했다. 그는 이베이를 벗어나 새로운 사업을 해야겠다고 마음먹었다.

사업 아이템을 물색하던 중 유명 팝가수인 재닛 잭슨의 노출 사건이 터졌다. 미국 슈퍼볼 공연 도중 실수로 가슴을 노출한 것. 첸은 이 사건에 주목했다. 이슈가 되는 영상이 등장하자 사람들은 호기심을 갖고 영상을 돌려보고 싶어 했다. 첸은 '동영상을 쉽게 인터넷으로 볼 수 있는 사이트가 생기면 좋을 것 같다'고 생각했다. 그는 자신의 생각을 곧장 사업으로 연결시켰다. 마침 파티 등 모임에서 캠코더로 촬영하는 것이 유행하던 시절이라 사업성도 있다고 판단했다.

첸은 이 아이디어를 토대로 2005년 2월 페이팔에서 함께 일했던 동료 2명과 유튜브를 창업했다. '유(you)'는 모든 사람을, '튜브(tube)'는 텔레비전을 뜻한다. 모든 사람이 시청자이자 제작자가 되도록 하겠다는 그의 희망을 회사명으로 삼은 것이다. 2005년 4월 공동설립자인 자웨드 카림(Jawed Karim)이 19초짜리 영상인 '동물원에서'를 사이트에 올렸다. 온라인 동영상 공유 사이트의 첫 번째 영상이었다.

일련의 사건을 통해 영상의 시대가 시작되고 있음을 간파했기에 첸은 전 세계인을 영상 시청자이자 제작자로 만든 유튜브를 시작할 수 있었다. "미래는 이미 와 있다. 단지 널리 퍼져 있지 않을 뿐이다"라는 미국의 소설가 윌리엄 깁슨(William Gibson)의 말처럼 아직 대중화되지 않은 미래를 보는 눈이 필요하다.

호환이 가장 큰 경쟁력이 되는 시대

클라우드서비스 업체인 드롭박스는 회원들에게 정보를 저장할 수 있도록 2GB(기가바이트)의 용량을 무료로 제공한다. 이것이 부족하다고 생각하는 회원은 매달 10달러를 내면 50GB로 용량을 늘릴 수 있고, 매달 20달러를 내면 100GB까지 늘릴 수 있다.

창업자 드류 휴스턴은 회원들이 나이를 먹을수록, 모바일 기기가 발달할수록 더 많은 유료 회원이 생길 것으로 보고 있다. 예를 들어 A라는 회원이 20대 때 찍은 사진들은 2GB의 용량에 모두 저장해놓을 수 있지만, 그가 30~40대가 되면 사진들이 너무 많이 쌓여 용량이 부족하다고 느낄 것이기 때문이다. 또 스마트폰과 태블릿PC 등이 대중화될수록 사람들은 더 많은 사진을 찍거나 더 많은 문서 작업을 할 것이고, 이는 클라우드서비스 이용량 증가로 이어질 것이라고 휴스턴은 설명했다. 그는 "지금도 매일 3억 2,500만여 개의 파일이 드롭박스에 올라오고 있다"고 말했다.

이 같은 비즈니스 모델은 벤처투자자들로부터 호평을 받으며 드롭박스를 가장 주목받는 신생기업 중 하나로 만들었다. 휴스턴은 드롭박스 창업 이듬해인 2008년 750만 달러의 자금을 유치한 것을 시작으로 2011년에는 40억 달러의 투자를 받은 것으로 알려졌다. 미국 경제전문 인터넷 매체 〈비즈니스 인사이더〉 IT 분야의 10대 신생기업을 뽑으며 드롭박스의 이름을 페이스북 트위터 등에 이어 5위에 올렸다.

휴스턴은 "애플의 아이클라우드가 가장 큰 경쟁 상대"라고 말했다. 애플은 드롭박스와 비슷한 클라우드서비스인 아이클라우드를 출시했다. 드롭박스가 제공하는 무료 용량이 2GB인 반면 아이클라우드는 5GB다. 하지만 아이클라우드는 애플이 만들었기 때문에 스마트폰 중에는 아이폰만 지원한다는 한계가 있다. 반면 드롭박스는 대부분의 운영체제(OS)를 지원한다. 컴퓨터의 경우 윈도 맥OS, 리눅스 등을, 스마트폰은 아이폰, 안드로이드폰, 윈도모바일폰, 블랙

베리 등에서 사용할 수 있다. 휴스턴은 "예전에는 사람들이 스마트폰, 태블릿PC 등 모바일 기기를 한 개만 갖고 다녔지만 앞으로는 2~3개를 갖고 다니게 될 것"이라며 거의 대부분의 컴퓨터와 스마트폰에서 호환이 되는 드롭박스가 생존에 유리하다고 강조했다. 애플뿐만이 아니다. 아마존도 공격적인 클라우드 컴퓨팅 서비스에 나섰고, 유사한 비즈니스 모델이 우후죽순 생겨났다. 하지만 아직 드롭박스의 명성을 넘보는 자는 없다.

드롭박스는 과거 애플로부터 한 차례 인수 제안을 받은 적이 있다. 휴스턴은 "2009년 스티브 잡스 앞에서 드롭박스에 대한 프레젠테이션을 한 적이 있다"며 "잡스는 '9자리 수'의 인수가를 제안했지만 고심 끝에 거절했다"고 말했다. 시장에서는 당시 잡스가 제안한 가격이 8억 달러인 것으로 추정하고 있다. 휴스턴은 회사를 팔지 않은 이유에 대해 "어렸을 때부터 컴퓨터 회사를 직접 운영하는 게 나의 꿈이었기 때문"이라고 설명했다.

휴스턴은 2014년에 드롭박스의 주식 상장을 단행할 예정이다. 투자사와 협상이 잘 이루어질 경우 드롭박스는 기업 가치를 약 40억 달러로 평가받고 기업공개(IPO)를 추진할 것으로 알려졌다. 드롭박스는 최근 법인 고객을 겨냥한 새로운 서비스를 발표했다. 일반 소비자나 전문 디자이너 중심에서 벗어나 기업 고객층까지 확보해 성장세를 가속화하려는 것이다.

노트북, 스마트폰, 태블릿 등 한 사람이 여러 IT 기기를 사용함에 따라 IT 기기 간 공유의 필요성이 커졌다. 사람의 콘텐츠 생산을 돕는 기기가 양산되면서 콘텐츠를 정리·보관하고 공유하고자 하는 욕구도 커지고 있다. 시대의 맥락은 욕구를 낳고, 욕구는 사업의 기회로 이어진다.

웰빙의 물결을 타고 만든 슈퍼잼

연간 100만 병 이상 생산하는 '슈퍼잼(SuperJam)'의 창업주 프레이저 도허티(Fraser Doherty). 그는 어릴 때부터 '꼬마 사업가'로 유명했다. 영국 에든버러에 살았던 도허티는 할머니의 잼이 맛있는 비결이 궁금했다. 잼 조리법을 알려 달라고 날마다 할머니를 졸랐다. 비결을 안 것은 그가 14세가 되던 해. 할머니는 도허티를 불러 2파운드를 손에 쥐어줬다. 시키는 대로 오렌지 몇 개와 설탕 한 봉지를 사온 그는 할머니와 오렌지잼 몇 병을 만들었다. 만든 잼은 이웃집을 돌면서 팔았다. 잼을 전부 팔자 도허티의 손에는 4파운드가 남았다. 현재 연 매출 700만 파운드가 넘는 잼 제조업체 '슈퍼잼'이 탄생한 순간이었다.

도허티가 어렸을 때부터 타고난 사업가의 기질을 보여준 또 다른 일화가 있다. 10세 때 농장에 가서 달걀 6개를 얻어 왔다. "부화시키는 것은 하늘의 별따기"라는 농장 주인의 말에 오기가 생겨서다. TV 아래에 있는 케이블 박스가 따뜻해 부화 장소로 제격이라고 생각한 그는 그 위에 달걀을 올려두고 밤낮으로 살폈다. 병아리가 나온 것은 며칠 뒤. 도허티는 이를 암탉으로 키워 달걀을 얻었다. 이웃들은 한 상자에 1파운드씩 주고 도허티의 달걀을 사갔다. 도허티는 이때 처음 돈 버는 재미를 알았다.

할머니 잼 제조 비법을 배웠을 때 그는 달걀을 팔아 용돈을 벌었던 기억을 떠올렸다. '할머니표 잼'에 '슈퍼잼'이라는 이름을 붙였다. 컴퓨터 프로그램으로 상표를 디자인해 잼 병에 라벨을 붙였다. 전단지도 직접 만들어서 출력했다. 잼을 담은 병을 플라스틱 바구니에 넣고 무작정 거리로 나섰다.

잼을 팔러 돌아다닌 지 두 달, 도허티의 잼 고객은 50가구로 늘었다. 그는 동네에서 '잼보이'로 유명해졌다. 2년 뒤엔 동네의 거의 모든 집에 잼을 배달했다. 잼을 만드느라 시간이 부족해진 도허티는 학교를 그만두기로 결심했다. 슈퍼잼에 '올인'할 목적이었으며, 그때 나이가 16세였다.

학교를 그만둔 도허티는 잼 사업에 더욱 진지하게 임했다. 잼의 역사를 공부하던 중 당시 잼 시장이 정체기라는 것을 알게 됐다. 수십 년간 시장 규모가 줄어왔던 것. 잼에 설탕이 많이 들어가 건강에 좋지 않은 데다 '잼'이란 단어를 들으면 할머니나 교회 바자가 연상된다는 사람이 많았다.

도허티는 이런 고리타분한 잼의 이미지를 바꾸기 위해 무설탕 천연잼을 구상했다. 설탕을 넣지 않고 100% 과일로만 잼을 만들기로 한 것이다. 하지만 설탕을 빼면 단맛이 제대로 나지 않았다. 처음엔 꿀을 대신 넣었지만 단가가 높아졌다. 달콤한 과일 주스를 첨가하는 아이디어를 냈다. 수백 번의 실험을 거친 끝에 과일과 과일 주스로만 잼을 만들어내는 데 성공했다.

웨이트로즈 납품이 결정되면서 가내 수공업을 포기하고 지역 공장에서 잼을 만들기로 했다. 문제는 주문량이었다. 단가를 줄이기 위해서는 한 번에 5만 병을 주문해야 했다. 도박이었다. 그만큼 팔리지 않으면 생산 비용은 모두 도허티가 떠안아야 했기 때문이다.

다행히 결과는 '대박'이었다. 납품 첫날에만 1,500병이 팔렸다. 8개월 동안 15만 병이 팔려나갔다. 슈퍼잼이 큰 인기를 얻자 또 다른 대형마트 체인인 테스코가 입점을 문의해왔다. 영국 전역 300여 개 테스코 매장에서 슈퍼잼이 팔렸다. 이어 세계 최대 유통업체 월마트에도 슈퍼잼이 입점했다. 2011년부터는 호주, 러시아, 핀란드 등에 슈퍼잼을 수출하기 시작했다. 도허티가 22세 때였다. 평범한 영국 청년이 웰빙의 물결을 타고 건강한 잼을 팔자, 백만장자가 된 것이다.

월마트가 할 수 없는 것을 하라

골목상권을 잠식하는 대형마트에 한국 자영업자들은 속수무책으로 당하고 있다. 하지만 40년 전 미국에서 이 문제를 고민한 CEO가 있었다. 바로 미국 식료품 체인 웨그먼스(Wegmans)의 CEO 대니 웨그먼(Danny R. Wegman)이다.

당시 하버드대학교 경제학과 학생이었던 웨그먼은 졸업논문의 주제로 '월마트 등 대형 할인점의 사업적 특성'을 선택했다. 당시 월마트는 거대한 물류시스템, 막강한 가격경쟁력을 앞세워 소매시장을 빠르게 잠식해나가고 있었다. 이후 30년간 지속된 대형마트는 고속성장의 초입이었다.

젊은 웨그먼은 일찌감치 이런 변화를 감지했다. 월마트의 비약적인 성장으로 전통적인 소규모 소매상들이 속수무책으로 무너져 갈 것이란 점을 정확히 파악했다. 그의 관심은 개인적인 이유 때문에 생겼다. 그의 가족이 뉴욕 주 북서부 로체스터에서 식료품점을 운영하고 있었던 것이다.

웨그먼은 스스로에게 질문을 던졌다. "월마트와 싸워서 이기려면 어떻게 해야 할까." 고민은 오래가지 않았다. 그가 얻은 답은 "월마트가 할 수 없는 것을 해야 한다"였다. 월마트의 양적 팽창에 질 좋은 서비스로 대응한다는 전략이었다. 그는 졸업 후 아버지 회사에 입사했다. 월마트의 공격을 이겨낼 전략을 하나하나 실행에 옮겼다.

그는 매장을 통째로 바꿔갔다. 테마파크처럼 만드는 것이 목표였다. 웨그먼스를 찾은 고객들은 쇼핑 리스트를 손에 쥐고 복도 사이를 뛰어다니지 않게 됐다. 예술 작품을 감상하기 위해 갤러리를 돌아보듯 갖가지 신기한 재료와 요리들을 천천히 음미한다. 따분한 식료품점을 매력적인 놀이터로 변신시킨 결과다. 한 고객은 "웨그먼스에 가는 이유는 흥분과 기대감 때문이죠. 모든 것들이 세심하게 마련돼 있어요"라고 말했다. 이렇게 '매력적인 식료품점'으로 만드는 것이 웨그먼의 전략이었다.

웨그먼은 제품 수도 늘렸다. 지금은 품목 수가 6만 개에 달한다. 업계 평균(대형 체인점)에 비해 42% 많은 수준이다. 제품의 신선도도 남다르다. 납품업체들이 정해진 시간에 맞춰 제품을 공급하도록 했기 때문이다. 시간에 맞춰 납품하지 못한 업체들은 벌금을 물거나 계약을 취소당한다. "눈보라가 심해 제 시간에 제품을 공급하지 못했다"는 변명도 통하지 않을 정도다. 웨그먼스로부터 납품 계약을 취소당한 납품업체들을 대리해 소송을 진행하는 변호사조차 "웨그먼스가 가치 있는 상품을 공급하기 위해 노력하고 있다는 것은 인정한다"고 말할 정도다. 세계적인 경영컨설턴트 에이드리언 슬라이워츠키(Adrian J. Slywotzky)는 자신의 저서 《디맨드》에서 "대니 웨그먼의 뛰어난 전략 덕분에 웨그먼스가 월마트의 공격에도 살아남을 수 있었다"고 평가했다.

웨그먼은 2008년 고객을 위한 또 하나의 결단을 했다. 경제위기가 닥치자 수백 가지 제품의 가격을 인하했다. 돈에 쪼들리는 고객들의 식료품비 부담을 덜어주기 위해서였다. 웨그먼은 "어려운 시기에는 우리가 돈을 조금 덜 벌어도 괜찮다"고 말했다. 웨그먼이 가격 인하에 나설 수 있었던 것은 불황으로 비용이 감소하리라는 것을 미리 예측했기 때문이다. 경기가 나빠지면 원자재와 연료 가격이 하락하게 마련이다. 비용 절감분을 미리 고객들에게 돌려준 셈이다.

제품과 서비스 수준을 높이는 데 힘쓰는 대신 매장은 공격적으로 늘리지 않았다. 웨그먼스는 매년 신규 매장을 두 곳 정도 열고 있으며, 질로 승부한 결과 웨그먼스의 영업이익은 할인점의 두 배에 달한다. 평방피트 당 매출은 14달러로 업계 평균인 9.39달러보다 훨씬 많다.

웨그먼스가 생소한 한국인들에게 웨그먼의 성공은 와 닿기 어려울 수 있다. 하지만 이와 관련해서는 유명한 일화가 있다. 할리우드 유명 배우 알렉 볼드윈이 '데이비드 레터맨쇼'에 나와 어머니와 떨어져 사는 이유는 웨그먼스 때문이라고 밝혔던 것이다.

"어머니가 뉴욕을 떠나 LA로 오고 싶어 하지 않으십니다. LA에는 웨그먼스가 없으니까요." 웨그먼스는 체인점이 없는 지역 주민들로부터 "우리 동네에도 웨그먼스를 열어주세요" 라는 편지를 매일 받는다. 지점을 열어달라는 편지가 7,000통이 넘었다.

미국 동부지역에 자리 잡은 웨그먼스의 지점은 고작 80여 개. 27개국에서 1만 185개의 지점을 운영하고 있는 월마트에 비하면 초라하다. 그러나 웨그먼스는 2012년 미국 〈컨슈머리포트〉가 선정한 미국 대형 식료품 체인 평가에서 1위에 올랐다. 작지만 강하고 매력적인 식료품 체인이라는 평가다. 모든 것이 대형화되어 가고 있지만 사람들은 더더욱 지역적인 것을 원한다. 웨그먼은 대형화되는 월마트의 반대편에서 숨은 사업 기회를 발견했다.

06

고정관념에서 벗어나
전체를 통합하라

QUESTION

왜 통합적 사고가 필요한가요?

ANSWER

자동차가 상용화되면 주유소가 필요하고, AS센터도 필요하다. 모바일 기기가 상용화되면 통신망도 확충돼야 한다. 학교 수업이 끝난 아이에게는 부모가 퇴근하기 전까지 안전하게 있을 장소가 필요하다. 물건이 만들어져 소비자 손에 닿을 때까지의 전 과정, 서비스가 준비되고 소비자에게 전달되는 전 과정을 그려보면 충족되지 못한 빈틈이 있다. 더 나은 방식이 떠오르게 되는데, 이것이 바로 통합적 사고다. 고정관념에서 벗어나 전체를 통합할 때 더 좋은 아이디어가 보인다.

고(故) 정주영 회장은 "고정관념이 사람을 멍청이로 만든다"며, "우리가 뒤떨어져 있는 분야라고 해서 주저한다든지, 미지의 분야라고 두려워한다든지, 힘들다고 피한다든지 하는 것들은 패배주의" 라고 했다.

고정관념에서 한발 벗어나 자신이 속한 비즈니스, 자신이 관심 있는 분야의 전체 과정을 그려보며 통합할 때 더 좋은 것, 분리할 때 더 좋은 것, 다른 분야의 강점을 차용할 때 더 좋은 것이 보인다. 각 단계마다 해결되지 않은 숙제들이 여기저기 흩어져 있으며, 발전하는 기술을 차용해 개선시킬 수 있는 여지도 있다. 지금의 사업 형태는 기존 사업자들이 최선의 노력으로 찾아낸 합리적이고 효과적인 방식이지만, 그럼에도 더 나은 방식은 늘 존재한다.

상당수의 세계 일류 기업들 역시 기존 사업 영역의 불합리한 점을 과감히 탈피해 새로운 틀을 짜는 과정을 통해 성장했다. 의류 브랜드 자라는 분산된 생산과 유통을 일원화해 패스트 패션이라는 새로운 패션 흐름을 만들어냈으며, 온라인 백과사전을 만드는 데 어려움을 겪던 인터넷 사업가 지미 웨일즈(Jimmy Wales)는 누구나 웹사이트 글을 수정할 수 있는 '위키위키웹'에서 아이디어를 차용해 세계 최대의 백과사전 위키피디아를 탄생시켰다.

복잡한 유통과정을 일원화하다

패션 브랜드 자라로 유명한 스페인 의류업체 인디텍스그룹의 창업주 아만시오 오르테가 회장은 가난한 철도원의 아들로 태어났다. 13세 때인 1949년 가정형편 때문에 중학교를 중퇴하고 옷가게 점원으로 취직했다. 점원 생활을 하면서 원단 구매와 완성품 옷 판매 과정에 중개상이 포함된 탓에 제작기간과 비용이 늘어난다는 점을 간파했다. 옷가게에서 옷을 배달하던 15세 소년은 가게에 불만이 많았다. 자신이라면 복잡한 유통과정을 생략해 더 빠르고 더 값싸게 옷을 팔 수 있을 것 같았기 때문이었다.

1963년 자신의 사업을 시작한 오르테가는 중개상을 거치지 않고 원단업자에게 직접 소재를 구입, 옷을 만들어 팔기 시작했다. 유통과정 일부를 생략해 단가를 낮추고, 제품 회전주기를 줄이는 패스트 패션 전략의 시작이었다.

저렴한 가격에 신제품도 빨리 나오자 그의 가게는 인기를 끌었다. 오르테가 회장은 1975년 자신의 옷가게 브랜드를 '자라'로 바꾸고 1979년까지 스페인 내 매장을 6개로 늘렸다. 1988년부터는 포르투갈, 미국, 프랑스에 잇따라 진출했다.

인디텍스가 스페인 의류업계에서 1등을 지킬 수 있는 이유는 '속도제일주의' 때문이다. 그는 "우리는 유행을 만들기보다는 유행을 따라간다"고 말한다. 오르테가 회장은 자라의 해외 진출이 시작되면서 디자인 제조 유통을 담당하는 자회사를 각각 설립했다. 외주 제작과정을 거치면서 생길 수 있는 시간 낭비를 줄이기 위해서다. 자라가 신상품을 디자인해서 세계 각국의 매장까지 배송하는 데 걸리는 시간은 약 2주일에 불과하다. 다른 의류 업체들은 최장 6개월 까지 소요된다.

오르테가의 속도제일주의는 자라의 비즈니스 모델인 다품종 소량 생산 시스템에도 반영돼 있다. 유행을 예측해 옷을 만들어놓으면 재고가 쌓이고, 유행의 변화에 순발력 있게 반영할 수 없다는 게 오르테가의 지론이다. 특정 디자인과 소재가 유행할 때 최대한 많이 판매한다는 것이다.

자라는 평균 2주일에 한 번씩 매장 물건의 70%를 교체한다. 연간 1만 1,000여 종의 옷을 선보이고, 아무리 길어도 4주일 이상 매장에 두는 제품이 없다. 빠른 변화는 고객들의 구매욕을 자극한다. 마음에 드는 옷을 즉각 구매하지 않으면 다시 찾을 수 없기 때문이다.

매장의 옷이 자주 바뀌다보니 고객들이 매장을 찾는 횟수도 잦아지는 효과가 있다. 인디텍스의 자체 조사 결과 고객들이 자라 매장에 들르는 횟수는 평균 1년에 17번이었다. 경쟁사의 6배가 넘는다. 루이비통-모엣헤네시(LVMH)의 패션 총괄 책임자 대니얼 피에트 (Daniel Piette)는 "자라는 세계에서 가장 혁신적으로 패션업계의 패러다임을 바꿨다"고 평가했다.

오르테가는 빠른 제품 배송으로 인건비를 줄이는 역발상 전략을 택했다. 물류를 완전 자동화하기 위해 1990년 중반 스페인에 축구장 90개를 합친 넓이 정도의 대형 물류기지를 만들었다. 또한 세계 어디든 제품 배송에 걸리는 시간을 48시간 이내로 줄였다.

인건비를 줄이기 위해 아시아나 심지어 아프리카 지역까지 공장을 옮기는 경쟁업체와는 달리 오르테가 회장은 인디텍스 제품들의 스페인 내 생산을 고집해왔다. 인디텍스 공장들은 스페인이나 인접 국가인 모로코에서 제품을 생산한다. 스페인 공장에서 나오는 인디텍스 제품 비중은 전체 제품의 65%를 차지한다. 인건비를 줄이는 것보다 공정 통합, 유통과정 단순화, 효율적 재고관리가 더 중요하다는 지론에서다.

27세에 자신의 옷가게를 처음 연 오르테가 회장은 40여 년 뒤 세계 80개국에 약 5,600개 매장을 둔 세계 최대 패스트패션(제조·직매형 의류) 업체를 일궜다. 인디텍스는 자라를 비롯해 풀앤드베어, 오이쇼 등 8개 브랜드를 보유하고 있다. 직원이 11만여 명, 디자이너만 600여 명에 달한다. 초등학교 졸업이 학력의 전부인 오르테가 회장은 업계의 상식을 뒤집는 과감한 역발상으로 회사를 키웠다. 〈포브스〉(2012년 기준)에 따르면 그의 재산 규모는 375억 달러에 이르며 스페인 최고이자 세계 5위의 부자가 됐다. 영국 일간지 〈가디언〉은 최근 "재정위기를 겪고 있는 스페인의 유일한 안전자산은 인디텍스"라고 평가했다.

한편, 유니클로는 야나이 다다시 대표가 '옷도 라면이나 식품처럼 편의점 같은 곳에서 간편하게 살 수는 없을까' 하는 생각으로 만든 옷가게였다. 이곳에 가면 고객들은 면바지와 셔츠, 재킷, 스웨터, 양말, 속옷 등이 색상과 사이즈별로 진열돼 있는 모습을 볼 수 있었다. 가격도 대부분 1,000엔 미만이었다. 식료품가게에서 계란과 간장을 사듯 유니클로에서 면바지와 셔츠를 사는 사람이 늘었다. 야나이는 매장 이름도 '유니크 클로딩 웨어하우스(Unique Clothing Warehouse)'라고 지었다. 다른 곳에서는 살 수 없는 질 좋은 옷을 자유롭게 골라 살 수 있다는 의미다. 이후 이름을 '유니클로'로 바꿨다. 저가격·고품질·고기능은 야나이가 1984년 일본 히로시마에 유니클로 1호점을 낼 때부터 지켜온 원칙이다.

아웃소싱 전문 기업이 되다

휴대폰, 컴퓨터 등 스마트기기에 꼭 필요한 반도체, 손톱보다 작은 반도체를 생산하기 위해서는 최소 4조 원 이상을 투자해야 한다. 막대한 자본력을 갖추지 못한 회사들은 진입이 어려운 구조다. 그런데 이런 진입 장벽을 무너뜨린 사람이 있다. 세계 1위의 파운드리(위탁생산) 업체인 대만 TSMC의 창립자 모리스 창(張忠謀) 회장이다. 그는 반도체 설계·디자인 과정과 생산을 분리하는 개념을 도입했다. 이로 인해 아이디어를 가진 엔지니어들은 설계만 하고, 생산은 파운드리 업체에 맡기는 새로운 형태의 반도체 시장이 형성됐다. 다들 안 될 것이라며 말렸지만 창 회장은 파운드리 사업의 가능성에 자신의 명운을 걸었다. 결과는 대성공이었다.

오랜 미국 생활을 접고 대만에 돌아온 모리스 창은 인생의 새로운 전기를 맞는다. 대만 과학부를 책임지고 있던 케이티 리 장관이 찾아와 대만산업기술연구소(ITRI)의 소장 자리를 제안하며 대만 산업을 이끌어 갈 수 있는 반도체 회사를 만들어 달라고 부탁한 것이다. 경력을 가장 잘 살릴 수 있는 기회이기도 했지만, 동시에 명성을 잃을 수도 있는 고비였다. 누구보다 반도체 사업을 잘 안다고 자부했지만, 고민에 빠졌다. 대만이 반도체 사업을 시작해 성공할 가능성은 크지 않아 보였기 때문이다.

대만의 한계는 명확했다. 연구 · 개발(R&D)이나 영업 · 마케팅 분야에서 강점이 없었다. 한 가지 갖고 있는 장점은 뛰어난 생산 · 제조 능력이었다. 카버 미드 전(前) 미국 캘리포니아공대 교수가 1970년대 말에 쓴 글을 떠올렸다. 반도체 칩 디자인 분야의 선구자로 꼽히는 미드 교수는 이 글에서 "반도체 디자인과 생산 기술을 분리해야 한다"고 강조했다.

창 회장은 생산을 전문으로 하는 파운드리를 생각해냈다. 파운드리가 성공할 것이라고 예상한 사람은 많지 않았다. "세계 최대 반도체 제조업체 인텔을 공동 창업한 고든 무어조차 '파운드리는 쓰레기 같은 아이디어'라고 말했습니다. 하지만 제조회사가 있으면 팹리스(반도체 설계) 회사도 늘어날 것이라고 확신했습니다. 텍사스 인스트루먼트(TI)에 다닐 때 많은 디자이너들이 회사를 떠나고 싶어했지만, 생산에 엄청난 투자를 해야 하는 탓에 섣불리 그만두지 못하는 것을 봤기 때문이지요."

1987년 대만 정부의 지원을 받아 TSMC를 설립했다. 그러나 실적은 기대에 미치지 못했다. 경쟁사들에 비해 반도체 공정기술력이 떨어진 데다 고객사와 쌓아온 신뢰도 없었기 때문이다. 초기 물량 확보는 오직 자신의 개인적 명성에 기댈 수밖에 없었다. 그조차도 자체 제조설비를 갖추고 있지만, 좀 더 싼 가격에 생산하기 위한 고객사들이 전부였다.

1991년부터 상황이 달라졌다. 대규모 투자에 대한 부담을 던 엔지니어들이 앞다퉈 반도체 디자인 회사를 새로 설립하기 시작한 것이다. 이전까지만 해도 대만과 미국 등에 몇 개밖에 없던 팹리스 업체가 급격히 늘어 수천 개에 달했고, 주문도 끊임없이 이어졌다.

TSMC의 매출은 매년 10% 이상 늘어나고 있다. 세계 반도체 시장 성장률이 5% 미만인 것과 비교하면 눈에 띄는 성장세다. 2012년 TSMC의 매출은 171억 6,700만 달러에 달했다.

2013년에는 애플을 새로운 고객으로 확보했다. 애플은 그동안 삼성전자로부터 공급받던 아이폰용 AP(애플리케이션 프로세서)의 위탁생산을 TSMC에 맡기기로 했다.

앞으로의 전망도 밝다. 시장조사기관인 아이서플라이에 따르면 파운드리 시장 규모는 2012년 전년보다 9.8% 성장한 361억 4,100만 달러에 달했다. 2016년에는 498억 6,300만 달러에 이를 것으로 예상된다.

장점을 융합하다

위키피디아 창립자 지미 웨일즈는 위키피디아 창업 전 문을 연 온라인 백과사전 '누피디아' 때문에 고민에 빠졌다. 누피디아는 최초의 전자 백과사전이었다. 인터넷에 접속하기만 하면 누구나 무료로 이용할 수 있었다. 초기 누피디아는 백과사전계의 혁명처럼 받아들여졌다. 하지만 25만 달러를 쏟아붓고 1년이 지나도록 성장은 답보 상태였다. 가장 큰 문제는 콘텐츠를 채우는 것이었다. 자원봉사자들로 구성된 전문가 팀은 훌륭했지만 작업은 너무 더뎠다. 1년간 누피디아에 올라온 글이 20개에 불과했다.

2001년 1월 2일 누피디아의 수석 편집장인 래리 생어가 아이디어를 내놨다.

"누구나 웹사이트 내의 글을 언제든지 바꿀 수 있는 '위키위키웹'이라는 사이트가 있습니다. 누피디아에 이런 방식을 도입하는 건 어떨까요? 많은 사람들이 백과사전을 동시에 편집하면 글을 쓰는 과정은 훨씬 더 빨라질 겁니다."

"하지만 잘못된 내용이 올라오면 어떻게 하죠? 악의적으로 잘못된 정보를 올리는 사람도 있을 수 있습니다."

우려와 반대가 있었지만 웨일즈는 위키를 만들자는 결단을 내렸다. 244년 역사의 브리태니카 백과사전을 폐간하게 만든 위키피디아의 시작이었다.

위키피디아는 현재 세계에서 가장 크고 대중적인 백과사전이다. 영어판에는 300만 개 이상의 항목이 있다. 독일어, 스페인어, 중국어는 물론 우르두어(인도 힌두스탄 언어 중 하나), 체로키어(북아메리카 인디언 언어), 키쿠유어(케냐 지방언어)까지 272개의 언어판이 있다. 2010년 6월까지 1,200여만 명이 영어판 위키피디아에 글을 썼다. 자매 프로젝트들도 생겼다. 무료 온라인 사전 윅셔너리와 위키뉴스, 위키쿼트 등이 그것이다.

할리우드 여배우 줄리아 로버츠는 한 토크쇼에 출연해 "포시즌스의 침대를 누구보다 사랑한다"고 밝혔다. 이렇게 세심하며 완벽한 서비스를 하고 있는 포시즌스 호텔 역시 융합에서 시작되었다. 이사도어 샤프 대표는 가족과 친구들로부터 자금을 모아 1961년 토론토

외곽 후미진 지역에 포시즌스 모텔을 열었다. 객실은 125개 정도였
다. 처음에는 가격을 낮추고 최소한의 서비스만 제공했다. 로비에는
식당과 술집을 운영했다. 그럭저럭 호텔은 잘됐다.

여기서 만족할 수 없었다. 그는 자신이 묵고 싶은 호텔을 직접 만
들기로 했다. 당시 호텔업계의 비즈니스 모델은 두 개로 나뉘어져
있었다. 하나는 대도시 컨벤션센터급 호텔이고, 다른 하나는 포시즌
스 모텔처럼 간소한 서비스와 친밀감이 있는 곳이었다. 샤프는 이
둘을 결합하기 시작했다. 편안함과 친밀감을 주는 소규모 호텔의 매
력에 각종 회의시설 및 통신시설 등을 갖춘 대형 호텔의 장점을 결
합한 것이다.

더 높은 객실요금을 받기 위해 보다 질 높은 서비스도 고안해냈
다. 호텔업계에서 처음으로 24시간 룸서비스, 목욕가운 무료 제공,
화장 거울, 드라이어, 드라이클리닝, 다림질 등의 서비스를 제공한
것이다. 호텔 내 피트니스센터를 처음 설치한 것도 샤프의 아이디어
였다. 이런 그의 철학은 "남들에게 대접받고 싶은가. 그렇다면 상대
방에게 예의를 갖춰라"는 문구에 스며들어 있다. 이는 포시즌스의
'경영철학'이기도 하다.

샤프는 이 전략으로 큰 성공을 거뒀다. 포시즌스의 숙박객은 갈
수록 늘었다. 이를 기반으로 런던의 유명한 조지상크 호텔을 비롯해
미국 워싱턴 호텔, 뉴욕 피에르 호텔 등을 잇달아 인수하면서 세계
최대 호텔체인으로 성장했다. 〈월스트리트저널〉은 당시 "포시즌스
의 파격적인 서비스를 받기 위해 호텔 앞은 몰려드는 사람들로 가득
찼다"며 "다른 호텔들은 심한 충격에 빠졌다"고 전했다.

최근 포시즌스 베벌리힐스는 285개 전 객실에 애플의 태블릿PC 아이패드를 비치했다. 또 객실의 모든 침대와 베개를 최고급 천연라텍스와 거위털로 만들었다. 〈하버드비즈니스리뷰(HBR)〉는 샤프의 성공에 대해 "통합적인 사고력에 기초한 것이었다"고 분석했다. 아무도 가능할 것이라고 생각하지 않았던 중소규모의 호텔과 최고급 호텔 서비스의 결합을 이뤄냈다.

물론 새로운 틀을 짜는 것이 쉬운 일은 아니다. 이스라엘 전기차 베터플레이스(better place)의 목표는 2020년까지 이스라엘에서 아무도 휘발유 자동차를 사지 않도록 하는 것이었다. 그러나 2013년 5월, 매출 부족으로 파산 신청을 했다.

베터플레이스 대표 샤이 아가시(Shai Agassi)는 전기차를 상용화하기 위해 비싼 전기차를 낮은 가격에 보급하고, 전기차 배터리 충전을 주유소 이용만큼 쉽고 간편하게 만들고자 했다. 베터플레이스의 전기차 사업모델은 휴대폰 사업모델과 비슷했다. 휴대폰을 차와 배터리로, 통화요금을 전기 충전요금으로 바꿔놓은 것이었다. 아가시는 "(전기차를 만드는) 테슬라가 아이폰이라면 우리는 (이동통신사인) AT&T다."라는 말을 하며 자신감을 보였다. 베터플레이스는 짧은 시간에 배터리를 갈아 끼울 수 있는 충전소를 개발했으며, 베터플레이스의 시스템은 이스라엘 전역에 깔려 전기차 인프라를 구축했다.

아가시의 열정은 투자자들도 움직였다. 사업 초기 단기간에 2억 달러의 자금을 조달하는 데도 성공했다. 그가 자금 조달에 성공하자 이스라엘뿐 아니라 덴마크, 호주, 미국 샌프란시스코와 하와이, 캐나다 온타리오 주 등 다른 나라와 도시들도 베터플레이스의 시스템을 도입하겠다고 나섰다. 도이체방크는 베터플레이스의 사업모델이 "휘발유 자동차를 사라지게 할 잠재력이 있다"고 평가했다. 베터플레이스가 성공하면 세계 자동차산업이 제조업에서 임대형 서비스 산업으로 변화할 수 있었으나, 결국 실패의 길을 걸었다.

모든 시도가 성공하는 것은 아니다. 무수한 시도 가운데 성공은 낙타가 바늘구멍에 들어가는 것만큼 희박한 확률일지도 모른다. 그러나 모든 시도는 그만한 가치가 있다. 위키피디아 대표 지미 웨일즈는 전형적인 '실패 예찬론자'다. 그는 사업가들에게 이렇게 조언한다. "빨리 실패하라. 많이 실패하라. 그리고 그 과정을 즐겨라. 실패해봐야 진짜 사업가다." 전설적인 뉴욕 양키스 포스 요기 베라는 말했다. "끝날 때까지는 끝난 것이 아니다." 세계적인 기업들 역시 무수한 실패를 기반으로 다양한 시도를 한 덕분에 성공의 탑을 쌓아올릴 수 있었다.

THINK

생각하라

01

상상을 현실로 만들라

기업이 성장하려면 무엇이 필요한가?

개인의 삶과 마찬가지로 기업의 숙명적인 질문 역시 "왜 사는가?"이다. 존재 이유에 대한 명확한 답인 '비전'이 존재하고, 구성원 모두가 그 비전에 일체화되어 나아갈 때 기업은 영속할 수 있는 동력을 장착하게 된다. 전구를 발명한 토머스 에디슨은 "나는 발명을 계속하기 위한 돈을 얻기 위해 언제나 발명을 한다"는 말을 남겼다. 그의 발명가 정신은 미국 첨단기술 회사 GE의 모태가 되었으며, GE는 '상상을 현실로 만드는 힘'을 가진 기업이 되기 위한 대장정에서 멈출 생각이 없다.

물방울이 바위를 뚫는다. 물방울이 바위를 뚫기 위해서는 바위의 한 지점을 향한 집요하고 반복적인 물방울들의 행진이 필요하다. 물방울은 땀방울이며, 바위를 뚫겠다는 의지는 비전이다. 산만하게 흩어진 땀방울은 무의미하게 메마르지만, 명확한 목표점을 향한 땀방울은 의미 있는 성과를 만든다. 무의미하게 땀방울을 흘리는 과정은 힘겹지만, 명확한 비전을 향한 땀방울은 매 순간을 가치 있게 만든다.

"우리는 10년 안에 달에 착륙할 것이다. 결코 미루지 않고 기꺼이 받아들일 준비가 된 도전이기 때문이다."

1961년 존 F. 케네디 대통령은 대부분 불가능하다고 말했던 달 탐사에 도전장을 내밀었고, 1669년 인류 최초로 인간을 달에 보냈다. 원대하고 가슴 뛰는 비전을 향한 집중적인 노력은 실제의 성과로 이어졌다. 인류 첫 발자국을 달에 남긴 닐 암스트롱은 "이것은 한 인간에게는 한 걸음이지만 인류에게는 위대한 도약이다"라고 했다. 우주를 향한 열망은 지금까지 이어져 쉼 없는 우주 원정으로 이어지고 있다. 우주는 더 이상 먼 미래가 아니다.

리처드 브랜슨(Richard Branson)이 이끄는 버진그룹(Virgin Group)은 세계 최초의 상업용 우주여행 사업인 '버진 갤럭틱'을 준비하고 있다. 차비만 있으면 우주로 여행하는 미래를 만들고 있는 것이다.

버진그룹이 가진 비전의 힘은 인간을 우주로 보낼 만큼 강력하다. 비전은 인간을 꿈꾸게 하고, 불가능을 가능으로 바꾸며, 모래알 같은 사람들을 진흙처럼 단결시키고, 행동하는 에너지를 만들어낸다. 사람이 바뀌어도 조직의 비전은 그 스스로의 힘으로 영속한다.

끊임없이 도전하는 이유

"평생 얼마나 벌었느냐로 기억되는 사람은 없다. 은행계좌에 10억 달러를 넣어둔 채 죽든, 베개 밑에 20달러를 남기고 죽든, 그런 것은 별로 중요하지 않다. 중요한 것은 뭔가 특별한 것을 창조했는지, 다른 사람의 인생에 진정한 변화를 일으켰는지 여부다."

영국 버진그룹의 창업자이자 회장인 리처드 브랜슨의 이 말은 2011년 타계한 스티브 잡스의 철학과 겹쳐진다. 실제로 그는 '영국의 잡스'라 불릴 만큼 '창조적인 기업가'의 아이콘으로 자리매김했다. 잡스의 창조 영역이 IT에 집중된 반면 브랜슨의 관심은 모든 산업에 걸쳐 있다고 해도 과언이 아니다. 16세 때 난독증을 극복하기 위해 학생 잡지 〈스튜던트〉를 만든 그는 인기 음반 광고를 실어 첫 번째 성공을 거뒀다.

이후 버진레코드로 사업 기반을 마련한 뒤 1984년 항공사 버진애틀랜틱항공, 1999년 이동통신사 버진모바일, 2004년 우주관광사 버진갤럭틱 등 30여 년간 200여 개 기업을 세웠다. "기업가정신의 핵심은 자본이 아니라 아이디어"라고 주장하는 브랜슨은 사업 아이템 발굴부터 브랜딩, 시장 개척, 서비스 등 모든 부문에서 창의성을 강조한다.

‘괴짜 사업가’로 알려진 브랜슨은 끊임없는 도전으로 유명하다. 초고속 보트를 타고 최단시간 대서양 횡단 기록에 도전했고, 열기구를 타고 세계일주를 시도하기도 했다. 최근에는 소형 잠수함을 타고 5대양 심해 탐험을 하겠다고 발표했으며 우주관광업체도 세웠다. 이 같은 도전은 그를 ‘화제의 인물’로 만들어 버진그룹 브랜드를 세상에 알리는 데 기여했다.

브랜슨에게 도전과 버진그룹은 떼려야 뗄 수 없는 관계다. 브랜슨은 “내가 도전하는 이유는 ‘버진’이라는 브랜드 때문”이라고 말한다. 이제껏 사람들이 발을 들여놓은 적이 없는 곳에 도전한다는 의미의 브랜드 가치를 실천하는 것이다.

브랜슨은 버진 브랜드를 홍보하는 데 기꺼이 자신을 내던진다. “회사를 운영하면서 내가 얼마나 다양한 복장을 착용해봤는지 다 헤아리기 힘들다”고 말할 정도다. 그는 화장을 하고 웨딩드레스를 입은 적도 있었다. 인도 왕자처럼 차려입고 드럼을 치면서 뭄바이 빌딩 꼭대기에서 뛰어내리기도 했다. 2002년 버진모바일이 미국에 진출했을 때는 맨해튼 타임스퀘어에서 휴대폰으로 장식한 팬티만 입은 채 “버진모바일의 미국 이동통신 서비스는 말 그대로 감출 게 아무것도 없다”고 외쳤다. 브랜슨은 “내 시간의 3분의 1은 광고에, 3분의 1은 새로운 모험에, 3분의 1은 문제 해결에 투자한다”고 말하기도 했다.

호주 항공사 버진블루(Virginblue)는 브랜드만으로 기존 시장을 뒤

옆은 대표적인 사례다. 버진블루가 호주 항공시장에 진출했을 당시 시장은 콴타스(Qantas)와 안셋(Ansett)이 양분하고 있었다.

버진블루는 시장 진출을 알리는 신호탄으로 "당신이 정육점에서 하루종일 힘들게 일하고도 미소 지을 수 있는 사람이라면 우리가 찾는 여객기 승무원입니다"라는 광고를 신문에 게재했다. 장시간 좁고 제한된 공간에 서서 고객들을 접대해야 하는 승무원에게 가장 필요한 자질을 버진의 방식으로 재미있게 묘사한 이 광고는 소비자들의 눈길을 끌었다.

이 같은 브랜드 전략과 경유지를 줄인 직항로 개설, 비용이 저렴한 인터넷 예약 등 효율적인 사업 전략이 시너지를 발휘하면서 버진블루는 승승장구했다. 불과 1년새 기업가치는 25배 뛰었다. 경쟁사 안셋의 주주였던 싱가포르항공이 1,000만 달러를 들여 설립한 버진블루를 2억 5,000만 달러에 사겠다고 나선 것이다. 싱가포르항공은 안셋이 위협받자 인수를 제안했다. 그러나 버진블루는 그 제안을 거절했다. 인수 제안 거절 소식이 전해진 바로 다음 날 안셋은 법정관리에 들어갔다.

2006년 늦여름 앨 고어 전(前) 미국 부통령은 영국 홀랜드파크에 있는 브랜슨의 집을 찾았다. 지구온난화 시나리오를 설명하기 위해서였다. 그날 3시간의 프레젠테이션은 브랜슨을 '환경운동가'로 변신시켰다. 그는 버진그룹이 수년간 운송사업에서 벌어들이는 30억 달러의 수익을 환경문제 해결에 사용하겠다고 밝혔다.

2007년에는 '버진어스챌린지(Virgin Earth Challenge)'를 발표했다. 대기에서 상당한 양의 온실가스를 제거하거나 이동시키는 기술을 상업화하는 방안을 제안하는 사람에게 2,500만 달러의 상금을 주는 프로젝트다. 이 같은 업적을 인정받아 브랜슨은 2008년 유엔이 선정하는 '올해의 시민'상을 받았다.

그의 변신은 아직 끝나지 않았다. 2014년 출발을 목표로 세계 최초의 민간 우주비행사업을 진행 중이다. 이를 위해 민간우주여객사인 버진갤럭틱을 설립했고, 2013년 4월 29일 미국 모하비 사막에서 음속을 돌파하는 등 시험 비행에 성공했다. 세계적 물리학자 스티븐 호킹 박사가 버진 갤럭틱의 우주비행선을 타고 우주를 직접 다녀오겠다고 밝혀서 화제가 되었다.

어린 시절엔 누구나 꿈을 꾼다. "당장 내일 학교에서 어떤 일이 벌어졌으면", "어른이 돼서 어떤 사람이 되었으면" 하는 바람부터 우주를 유영하는 상상까지 무한한 꿈을 꾼다. 하지만 어른이 되면 그 꿈은 온데간데없이 사라지고 척박한 현실만 남는 경우가 대부분이다. 생생한 비전이 있을 때, 꿈은 현실이 된다.

지식 공유가 성장의 원동력

2001년 1월 15일 지미 웨일즈는 위키피디아의 문을 열었다. '위키'는 하와이어로 '재빠르다'는 뜻의 '위키위키(wikiwiki)'에서 유래한 말이다. 1년 뒤인 2002년 1월 15일, 2만여 개의 글이 올라왔다. "지구에 사는 모든 사람들이 모든 지식에 무료로 접근할 수 있는 세상을 상상해보세요. 찢어지게 가난한 나라, 인터넷이 안 되고 교육을 받지 못하는 곳에 있는 사람들도 접근할 수 있는 무료 백과사전 말입니다. 세상 모든 사람들에게 지식의 힘이 전해지는 것, 우리가 하는 일이 바로 그것입니다."

웨일즈의 오랜 꿈이 비로소 이뤄지는 순간이었다. 위키피디아의 성장 속도는 놀라웠다. 누구나 어떤 항목에 대해서도 글을 쓰고 수정할 수 있다는 게 위키피디아가 급성장한 비결이었다. 웨일즈는 이 현상을 '피라냐 효과'라고 설명했다. 피라냐는 날카로운 이빨을 가진 어류로 고기를 좋아한다. 한 마리가 먹이를 먹기 시작하면 나머지가 본능적으로 뛰어든다. 이런 방식으로 위키피디아 작가들은 떼를 지어 특정 주제를 완전히 정리할 때까지 공략했다. "누군가 짧고 사소한 글을 시작합니다. 그러면 그 글에 많은 사람들이 몰려들어 내용을 늘려가는 겁니다." 이처럼 지식을 공유하고자 하는 선의의 동기가 위키피디아 성장의 원동력이었던 셈이다.

위키피디아는 영어판으로 시작했다. 이후 점차 다른 언어의 글들이 나타나기 시작했다. 세계화의 길을 걷기 시작한 것이다. 그러나 2002년 문제가 발생했다. 수익 없이 운영하는 데 한계가 생기면서 자금 압박을 받았다. 직원들에게 줄 월급조차 없었다. 월급을 못 받게 된 직원들은 자원봉사로 일했다. 웨일즈가 광고를 통해 돈을 벌기로 하자 자원봉사자들은 이에 강하게 반발했다. 자신들이 지식을 공유하기 위해 선의로 만든 콘텐츠가 상업화되는 것에 반대했다. 일부 자원봉사자들은 위키디피아를 떠났다.

자원봉사자로 일했던 에드가 엔예디는 위키피디아를 그만두고 위키백과라는 복사본을 만들어 운영하기도 했다. 엔예디는 위키피디아를 나오면서 이렇게 말했다. "잘 있어라, 돈을 버는 위키페이디아(Wikipaidia, 위키피디아의 가운데 스펠링 'ped'를 돈을 지급한다는 뜻의 'paid'로 바꿔 돈을 벌려는 위키피디아를 패러디한 말)."

자원봉사자들이 위키백과로 떠나자 위키피디아는 막대한 손해를 입었다. 이 사건을 계기로 웨일즈는 위키피디아를 비영리로 운영하기로 했다. 2003년 6월 웨일즈는 비영리기구인 위키피디아 재단을 세웠다. 30억 달러에 이를 것으로 추정됐던 위키피디아의 기업가치를 포기한 셈이다. 웨일즈는 위키피디아를 비영리재단으로 만든 것에 대해 '가장 바보 같았지만 동시에 가장 현명했던 일'이라고 고백했다.

악플러들은 위키피디아의 가장 큰 골칫거리였다. 이들은 인터넷의 익명성 뒤에 숨어 논쟁만 불러일으키는 부적절한 글이나 욕설을 올려 갈등을 부추겼다. 편집 전쟁도 문제였다. 다른 사람들이 편집한 것을 계속 자신의 생각대로 되돌리거나 올라온 글을 삭제하는 이도 있었다. 이들은 위키피디아 콘텐츠의 신뢰성을 떨어뜨리고 성장을 방해했다. 위키피디아의 규모가 커지자 웨일즈는 더 이상 혼자 악플러들을 관리할 수 없었다. 그는 2001년 일부 사용자들에게 관리 권한을 부여했으며 2004년엔 중재위원회를 만들었다. 중재위원회는 문제가 되는 사용자들의 활동을 금지하거나 막았다.

세계 모든 사람들에게 무료로 지식을 제공한다는 비전은 개인들로 하여금 스스로 자신이 가진 지식을 모두에게 무료로 공유하게 했으며, 자발적인 자원봉사자들로 만들었다. 명확한 비전은 추종자를 낳고, 비전이 이루어지는 기적을 만든다.

평범함을 위대함으로 이끌다

"세상을 평범함에서 구해 위대함으로 이끈다"는 정치인 사무실에 걸려 있는 슬로건이 아니다. 청년이 꿈을 되새기며 적은 일기도 아니다. 요가복 등 스포츠 의류를 전문으로 만드는 캐나다 기업 룰루레몬 애슬레티카(Lululemon athletica)의 쇼핑백에 적혀 있는 글귀 중하나다.

옷 만드는 회사가 뭘 세상까지 구하려 할까. 룰루레몬 전(前) CEO 크리스틴 데이(Christine Day)의 생각은 달랐다. 그는 룰루레몬의 요가복을 사는 것은 자신의 가치에 투자하는 것이라고 생각한다. 룰루레몬을 통해 여성들은 반복된 일상에서 탈출할 수 있다. 가정, 직장의 '일부'가 아닌 자신의 삶을 사랑하는 '주체'로 바뀌는 것이다.

'삶을 선물하라'는 크리스틴 데이의 전략은 세계 여성들의 마음을 사로잡았다. 2008년 룰루레몬의 사령탑을 맡은 그는 4년 만에 캐나다를 넘어 미국, 호주, 홍콩 등으로 진출하며 매장 수를 71개에서 170여 개로 늘렸다. 2007년 기업공개 때 30달러 수준이던 주가는 2013년 1월 기준 60달러가 넘었다. 취임 당시 3억 달러에도 미치지 못했던 매출은 현재 3배 넘게 늘었다.

2011년 〈포천〉이 실시한 '세계 독자가 뽑은 올해의 기업인' 토너먼트 8강전에서 크리스틴 데이는 구글의 CEO 래리 페이지를 꺾었다. 같은 해 〈포천〉이 뽑은 '세계에서 가장 빠르게 성장한 기업' 순위에서도 실리콘밸리의 IT 기업들을 누르고 13위를 차지했다. 나이키, 갭 등 대형 의류 브랜드들이 잇따라 요가 라인을 출시했지만, 룰루레몬의 아성을 넘지 못하고 있다. 경기 불황이 세계를 덮친 2009

년부터 2011년 룰루레몬은 매년 30% 이상 성장했다. 경기가 어려우면 의류, 특히 가격이 비싼 옷 소비를 먼저 줄이는 게 일반적이다. 일상적으로 입는 옷이 아닌, 운동복 브랜드인 룰루레몬은 이런 통설을 뒤집었다. 캐나다 일간 〈글로브앤드메일〉은 "소매업계의 역사 가운데 가장 신기한 성공 중 하나"라고 극찬했다. 세계 금융 위기라는 미증유의 파국을 '독특한 가치 제공'이라는 정공법으로 넘은 것이다.

크리스틴 데이는 룰루레몬에 합류하기 전 스타벅스에서 20여 년 동안 일했다. 아시아·태평양 부문 대표까지 지냈다. 스타벅스를 '커피 판매점'에서 '아침을 여는 공간'으로 바꾼 주인공 중 한 명이다. 커피를 단순한 기호품이 아닌 삶의 일부로 끌어올린 것이다.

그는 룰루레몬으로 자리를 옮기면서 스타벅스의 마케팅 전략을 도입하여 발전시켰다. 1998년 데니스 칩 윌슨(Dennis Chip Wilson)이 창립한 룰루레몬은 '여성만을 위한 운동복' 시장을 개척했다. 하지만 그가 오기 전까진 '신선한 콘셉트의 의류 브랜드' 정도였다.

데이 CEO는 룰루레몬에 삶과 철학을 입혔다. 룰루레몬의 매장 벽에는 요가와는 상관없는 글들이 빼곡히 적혀 있다. "친구는 돈보다 중요하다" "우리가 지구를 위해 하는 일은 우리가 우리에게 하는 것이다" "춤춰라, 노래하라, 여행하라, 매일 치실을 하라" 등. 문구들에 담긴 가치와 룰루레몬 제품을 구매하는 가치가 같다고 고객을 설득하는 것이다. 그는 "룰루레몬을 사람들의 삶을 바꾸는 트렌드로 만드는 것이 경영 목표"라며 "건강에 투자하는 것은 개인과 사회를 위한 투자이고, 나아가 세상을 위대하게 만드는 것"이라고 강조한다.

룰루레몬의 매장 풍경은 다른 옷가게와 사뭇 다르다. 옷을 고르고 입어보고 계산하는 공간이 아니다. 〈글로브앤드메일〉은 '심각하게 수다스러운 공간(seriously chatty place)'으로 묘사했다. 여성들은 룰루레몬 매장에서 요가복의 질감, 색상은 물론 요가 자세, 운동 효과 등에 대해 얘기한다. 요가 강사 자격증을 가진 직원들은 고객의 질문에 답해주며 전문적인 조언을 아끼지 않는다.

룰루레몬이 주최하는 집단 요가 강의인 '샐류테이션 네이션'은 연례 행사로 자리 잡았다. 도시의 룰루레몬 매장 근처에 수십~수백 명의 여성이 나란히 요가매트를 깔고 동작을 하는 모습을 심심찮게 볼 수 있다.

여성들은 룰루레몬 매장을 찾고 행사에 참여하면서 스스로를 '자신의 삶을 위해 투자를 아끼지 않는 건강한 사람'으로 인식하게 됐다. 컨설팅회사 DIG360의 데이비드 그레이 컨설턴트는 "룰루레몬은 자신을 '선(virtue)'으로 정의하고 고객에게 '선의 가치'에 투자를 게을리 하지 말라고 이야기한다"며 "덕분에 요가를 하지 않는 사람도 '옳은 일'에 동참하기 위해 룰루레몬을 산다"고 분석했다.

사랑과 존경을 받는 기업

국민의 사랑과 존경을 받는 기업은 모든 기업이 꿈꾸지만 이루기 쉽지 않다. 그러나 그 목표를 달성한 기업이 있다. 인도 최대 기업인 타타그룹(Tata Group)이다. 인도에서 타타그룹은 한국의 삼성그룹에 해당한다. 자동차, 통신, 철강, 화학, 호텔, 시계, 차(茶) 등 업종에서

80개가 넘는 계열사를 두고 있다. 2012년 인도 기업으로는 처음으로 매출 1,000억 달러를 올렸다.

이런 성공 뒤에는 20여 년 동안 인수·합병(M&A) 등을 통해 타타그룹을 성장시킨 라탄 타타(Ratan Tata) 회장의 역할이 컸다. 그가 강조하는 기업철학은 "더 많은 국민이 편안한 삶을 누리도록 하고, 국가 경제를 발전시키기 위해 사업을 한다"는 것이다. 기업을 성장시키는 것과 동시에 빈곤에 빠진 인도 국민들의 삶의 질을 높이는 등 사회적 책임을 다하는 게 중요하다는 인식이 깔려 있다.

그는 인도 최대 기업의 회장이면서도 작은 아파트에 살고, 소형차를 타고 다니는 검소한 생활로 인도 국민에게 높은 신망을 얻고 있다. 〈포브스〉는 2008년 그를 '가장 존경받는 리더'로 선정하기도 했다.

1991년 타타그룹 지주회사인 타타선즈 회장에 오른 라탄 타타는 회장에 취임하자마자 회사 체질 개선에 나섰다. 가장 강조한 분야는 자동차였다. 시멘트, 섬유 등 경쟁력이 떨어지던 사업 부문을 과감히 정리하고 자동차 사업에 주력했다. '인도 자동차 산업을 세계적 수준으로 키우겠다'는 목표 아래 승용차 시장 진출을 결정했다. 그동안 트럭밖에 만들지 않았던 타타로선 큰 모험이었다. 회사 수익에 악영향을 줄 수 있다는 우려가 적지 않았다. 하지만 그는 뜻을 굽히지 않고 첫 소형 승용차인 '인디카'를 1998년 출시했다. 결과는 참패였다. 생산량의 절반도 팔지 못해 1998~99년 막대한 적자를 냈다.

승용차 사업을 포기하는 대신 구조조정을 선택했다. 종업원 수를 40%나 감원하고 부품 하청업체도 절반 수준인 600여 개로 줄였다.

이러한 노력은 결실을 맺었다. '인디카'와 2002년 선보인 중형차 '인디고' 등이 인도 중소형차 시장에서 점유율 25% 가량을 차지하며 인도 승용차 시장의 절반 가까이를 점유하고 있던 마루티자동차와 현대자동차에 이어 3위로 도약했다.

자동차 외에도 적극적인 M&A로 회사를 키워나갔다. 2006년 10월에는 500만 톤 생산 능력을 가진 타타스틸이 그보다 4배 큰 규모의 철강회사 코러스를 인수했다. 2008년 6월에는 영국의 고급자동차 재규어와 랜드로버를 사들이며 세계적 기업들과 어깨를 나란히 했다.

사업 규모가 커졌지만 국민들을 위한다는 경영철학은 바뀌지 않았다. 인도 기업들 사이에는 구매력이 없다는 이유로 국내 소비자들을 은근히 무시하는 풍조가 있었다. 하지만 타타 회장은 인도 소비자들의 저력을 높이 평가했다.

그는 인도인에게 안전하고 저렴한 승용차를 공급하고 싶어 했다. 인도에서는 이륜차나 스쿠터 하나에 모든 가족이 타고 이동하는 게 일반적이다. 타타 회장은 이런 위험한 모습을 보고 안전하고 편안한 이동 수단이 필요하다고 생각했다.

그러나 좋은 아이디어를 실현하는 것은 쉽지 않았다. 소형 자동차에 맞는 엔진과 내·외장재를 찾는 데만 3년이 넘게 걸렸다. 2000년대 초부터 새로운 '국민차'를 만들겠다던 꿈은 2009년에야 비로소 실현됐다. 2009년 1월 선보인 250만 원짜리 초저가 자동차 '나노(Nano)'가 그 결과다. 500명이 넘는 인원이 이 프로젝트에 10년 가까이 매달렸다. 나노는 출시 한 달 만에 4만 대가 팔렸다. 차를 사기 위해 한 달 이상 기다려야 할 정도로 인기를 끌었다.

타타그룹은 2009년 12월 세계 최저가(2만 5,000원) 정수기 '스와처'를 내놨다. 스와처는 힌두어로 '깨끗하다'는 뜻이다. 타타 회장은 "싼 제품을 만들어내는 것이 목적이 아니다"며 "더 많은 사람들에게 저렴하게 깨끗한 물을 제공하기 위한 것"이라고 말했다.

당시 인도에서는 시골지역 거주자 가운데 약 75%가 정수된 물을 마시지 못해 매년 40만 명의 어린이들이 물 관련 질병으로 사망했다. 타타그룹은 2014년까지 300만 가정에 안전한 식수를 공급하는 것을 목표로 하고 있다.

글로벌 회계법인 언스트앤 영(Ernst & Young)에 따르면 인도 전역의 주택난을 해결하기 위해선 2,600만 채 이상의 주택이 필요한 것으로 조사됐다. 타타그룹은 100만 원도 안 되는 초저가 집 '나노 하우스'를 만들어 수억 명의 빈곤층에게 '내 집 마련'의 기회를 제공했다. 나노 하우스는 지붕과 문, 창문 등을 포함한 조립식 주택이다. 가격을 낮추기 위해 벽과 인테리어는 코코넛 열매에서 추출한 섬유인 코이어와 황마를 사용했다.

국민의 사랑과 존경을 받겠다는 비전을 가진 타타그룹은 국민이 겪는 가장 치명적인 고통과 불편함을 사업 영역으로 택했고, 비즈니스로 문제를 해결했으며, 국민의 사랑과 존경을 받고 있다. 비전은 기업이 할 일과 하지 말아야 할 일을 모세의 기적처럼 양 갈래로 가른다.

왜 본질에 집중해야 하는가?

QUESTION

어떻게 사업을 성정시킬 것인가?

ANSWER

사업은 선택과 집중이다. 어떤 선택이 옳았고 어디에 더 집중했는지가 승패를 가른다. 하고 싶은 것, 잘하는 것, 시장이 원하는 것의 교집합에 있는 사업을 선택하고, 핵심을 강화시켜야 한다. 이것저것 다 잘하려고 하면 아무것도 잘하지 못한다. 그러므로 우선 순위 외의 일은 과감히 포기하라. 맥락 없는 다각화로 본질을 잃고 망하는 기업을 우리 는 무수히 보았다. 핵심역량을 보존하면서 모습을 바꿔야 한다.

건강한 패스트푸드 샌드위치를 만드는 서브웨이 프레드릭 드루카 (Frederick DeLuca) 회장은 "어디서든 저렴한 비용으로 몸에 좋은 음식을 먹고 싶다는 고객들의 마음에 집중했습니다. 미국처럼 비만 인구가 많은 나라에서 다른 패스트푸드 선두주자들을 따라잡기 위해선 틈새 전략이 필수였죠. 1965년 코네티컷 주 브릿지포드에서 샌드위치 가게를 시작했을 때부터 건강과 신선은 변하지 않는 콘셉트"라고 강조한다. 신선한 야채를 고집하는 서브웨이는 최근 미국과 일본의 일부 매장 옆에 '도시 농장'을 만들었다. 직접 생산한 무공해 야채로 샌드위치를 바로 만든다는 걸 보여주기 위해서다. 서브웨이의 모든 선택은 건강한 샌드위치를 만든다는 일관된 목표를 향하고 있다. 수익이 더 많이 나는 영역을 기웃거리는 것이 아니라, 건강하고 신선한 음식을 제공한다는 본질을 강화할 수 있는 영역으로 사업을 확장했다.

피카소는 작품을 할 때 아이디어를 빼고 또 빼서 본질만 남기는 것에 집중했다. 할 수 있는 모든 것을 다하는 것이 아니라 할 수 있지만 하지 않는 것, 더하는 것이 아니라 빼 나가는 것이 위대한 선택일 때가 많다. 할 수 있는 영역을 모색할 때는 상상 가능한 모든 가짓수로 무한히 확장해서 검토해야 하지만, 선택할 때는 가장 본질과

맞닿아 있는 것만 남기고 그 외의 것들은 과감하게 버려야 한다. 진짜 위대한 선택은 본질에 집중하는 것이다.

세상을 바꾼 유튜브

유튜브를 창업한 스티브 첸은 유튜브가 단순히 동영상을 보는 것을 넘어 친구들과 교류할 수 있는 소셜네트워크서비스(SNS) 기능을 하길 원했다. 이를 위해 동영상을 올리면 사용자들로부터 점수를 받고, 동영상 게시자와 친구를 맺을 수 있도록 하는 기능을 추가했다. 하지만 가볍게 소통하기를 원하는 SNS 이용자들에게 동영상을 올리고, 점수 받기를 기다리는 과정은 불편하기 짝이 없었다. 첸은 곧 친구 사귀기 같은 기능은 유튜브에 맞지 않는다는 것을 깨달았다. 그는 유튜브를 철저히 콘텐츠(동영상)에 집중하는 사이트로 키우겠다고 결심했다. SNS 기능은 다른 소셜네트워크 업체를 활용하기로 했다.

2005년 6월 첸은 "유튜브 사용자들이 다른 사이트에 우리 콘텐츠를 얼마든지 퍼 나르게 하겠다"고 결정했다. 유튜브에 로그인하지 않고도 링크를 통해 누구나 볼 수 있게 만들었다. 이 결정으로 유튜브는 급성장 기반을 마련했다. 사용자들은 마이스페이스 등 다른 SNS를 통해 유튜브의 동영상을 퍼뜨렸다. 첸은 이를 통해 광고 효과를 기대한 것이다. 동영상 유통을 무제한 허용했기 때문에 별도의 마케팅도 필요 없게 됐다. 사용자들이 콘텐츠를 직접 생산하고 알아서 홍보해준 덕분에 마케팅 부담이 줄었다.

여유 자금은 사이트를 안정적으로 운영하는 데 투자했다. 2005년 11월에는 유명 벤처캐피털인 세쿼이아캐피털로부터 350만 달러의 투자금을 받았다. 이 돈은 서버와 데이터센터를 구축하는 데 사용됐다. 2006년부터 회원 수가 급증하면서, 매일 수만 명이 신규 회원으로 가입했다. 시사주간지 〈타임〉은 "유튜브가 동영상 업계의 월마트가 됐다"고 평가했다. 유튜브가 모든 동영상을 보유하고 있기 때문에 그냥 들어가서 찾기만 하면 된다는 얘기였다.

2006년 유튜브 이용자가 급증하자 첸은 회사를 매각하기로 결심했다. 이용자가 많아질수록 더 많은 컴퓨터 서버를 마련해야 하는 것이 큰 부담이었기 때문이다. 모바일과 무선 인터넷 동영상 서비스, 아시아·유럽 등 해외 진출에도 돈이 필요했다.

야후와 구글이 인수하겠다고 나섰다. 첸은 회사 매각을 오래 고민하지 않았다. 매각 작업을 시작한 지 5일 만에 유튜브를 구글에 팔기로 결심했다. 그가 가장 중요한 기준으로 삼은 것은 엔지니어를 대하는 문화였다. 유튜브 직원의 80%가 엔지니어였기 때문이다. 구글은 엔지니어들에게 업무 시간의 20%를 자신이 좋아하는 일을 하도록 배려해주는 등 엔지니어 중심의 문화를 갖고 있었다. 반면 야후는 경영진 대부분이 비즈니스 전문가였다. 당시 그들이 주력한 것은 마케팅이었다. 두 기업의 문화 차이 때문에 첸은 고민하지 않고 선택할 수 있었다.

유튜브는 결국 16억 5,000만 달러에 구글에 인수됐다. 구글은 유튜브의 글로벌 전략을 적극 지원했다. 유튜브는 2007년 영국, 브라질, 포르투갈 등 15개국에 진출했다. 현재 전 세계 22개국에서 서비스하고 있다. 2010년 기준으로 유튜브의 하루 동영상 검색 횟수는 20억 회를 넘어섰다. 첸은 회사 매각으로 억만장자가 됐다. 〈타임〉은 2006년 올해의 인물로 '당신(You)'을 뽑으며 "유튜브가 위키피디아, 마이스페이스 등과 함께 사회 공동체를 만들고 세상을 바꾸고 있다"고 평가했다.

청량음료에서 건강음료로 변신하다

"세계에서 가장 큰 신흥시장은 중국이나 인도가 아닙니다. 여성입니다." 펩시코 회장 겸 CEO 인드라 누이가 자신의 경영철학을 설명한 것이다. 그는 "세계 여성 인구는 중국과 인도의 인구를 합친 것의 두 배"라며 여성들이 원하는 제품을 만들어야 한다고 강조했다. 누이 회장은 "일본은 주부들이 가계 수입의 63%를 소비하는 데 비해 중국은 이 비율이 50%, 인도는 44%에 불과하다"며 이들 지역 여성을 공략하는 게 펩시의 목표라고 강조했다. 중국과 인도는 여성들의 지출이 그만큼 증가할 여지가 많다는 판단에서다.

여성과 인도인이라는 핸디캡을 딛고 2006년부터 펩시를 이끌고 있는 누이 회장의 핵심 경영철학은 '건강'이다. 아시아광고대회 연설에서 여성의 중요성을 강조한 이유도 주부들이 제품을 고를 때 건강을 최우선으로 생각하기 때문이다. 누이 회장은 두 아이의 어머니이기도 하다. 건강을 최고 가치로 생각하는 그녀의 경영철학은 100년 이상 코카콜라에 뒤졌던 펩시를 업계 1위로 탈바꿈시키는 계기가 됐다. 탄산음료 업체라는 틀을 깨고 분명한 타깃 고객층을 설정하고 차별화된 가치를 설정한 것이 1위 업체를 제친 비결인 셈이다. 일명 '엄마 경영'이다.

누이 회장이 펩시에 입사한 뒤 가장 중점을 둔 것은 콜라 회사였던 펩시에서 청량음료 색채를 벗겨내는 일이었다. 그가 펩시에 합류한 것은 1994년이었다. 펩시는 보스턴컨설팅그룹과 모토로라 등에서 전략 수립 등을 담당했던 그녀를 전략 담당 부사장으로 영입했다. 당시 펩시의 콜라 시장 점유율은 코카콜라에 10%포인트 이상 뒤졌다. 코카콜라의 CEO였던 로베르토 고이주에타(Roberto Goizueta)는 "더 이상 펩시에 대해 신경 써야 할 필요성을 못 느낀다"는 굴욕적인 말까지 했다. 펩시는 콜라 시장의 강자였지만, 항상 2등이었다. 1898년 설립 이후 12년 먼저 시장에 뛰어든 코카콜라에 100년 넘게 1위 자리를 내줬다.

누이 회장은 콜라만으로는 코카콜라를 꺾을 수 없다고 봤다. 그래서 들고 나온 게 '사업 다각화' 카드였다. 콜라 시장에서는 지더라도 다른 분야에서 매출을 늘리면 펩시코 전체로는 코카콜라에 승리할 수 있다는 계산이었다.

당시 펩시는 KFC, 피자헛, 타코벨 등 유명 패스트푸드점을 계열사로 갖고 있었다. 하지만 누이 회장은 계열사 간 공통분모가 부족하다고 생각했다. 먹을거리를 파는 회사라는 것 외에는 비슷한 점이 없었기 때문이다.

그녀는 계열사를 하나로 묶을 화두(話頭)는 '건강'이어야 한다고 생각했다. 주부였던 누이 회장은 당시 불기 시작한 웰빙 열풍에 주목했다. 유럽과 미국에서 시작된 웰빙 바람이 세계 최대 시장인 중국 등으로 번지면 파급 효과가 어마어마하게 클 거라고 생각한 것이다. 청량음료 업체였던 펩시의 변신은 그렇게 시작됐다.

누이 회장은 수석부사장으로 승진한 1998년 주스 회사인 트로피카나를 인수했다. 사업 다각화를 알리는 신호탄이었다. 그녀의 승부수는 2년 뒤 나왔다. 스포츠 이온음료 '게토레이'를 만들던 퀘이커오츠(Quaker Oats)를 M&A한 것이다. 당시 게토레이의 스포츠 음료 시장 점유율은 84%에 달했다. 퀘이커오츠 인수에는 코카콜라도 뛰어들었다. 하지만 코카콜라 이사회는 너무 다양한 제품을 생산하는 퀘이커오츠를 사들이는 것은 사업 방향과 맞지 않는다며 반대했다.

누이 회장은 이 틈을 놓치지 않고 134억 달러에 퀘이커오츠를 인수했다. 퀘이커오츠는 게토레이 외에도 퀘이커오츠 오트밀 등 시리얼 제품도 생산하고 있었다. 퀘이커오츠 인수는 펩시가 여러 제품군을 갖추는 데 밑거름이 됐다. 로저 엔리코(Roger A. Enrico) 전(前) 펩시 CEO는 "퀘이커오츠 인수는 펩시 역사상 가장 성공적인 결정이었다"며 누이 회장의 결정을 높이 평가했다.

결국 누이 회장은 매출의 절반 이상을 차지하던 탄산음료 비중을 단계적으로 낮췄다. 현재 펩시의 매출 중 탄산음료 비중은 20%까지 내려왔다. 건강과 거리가 먼 피자헛, KFC 등 외식사업 부문은 분사로 결정했다.

누이 회장의 전략은 보기 좋게 맞아떨어졌다. 2000년대 들어 건강에 대한 소비자들의 관심이 늘자 콜라 등 탄산음료 판매는 계속 하락세를 보였다. 대신 과일주스, 이온음료, 시리얼 등 건강 음료 매출은 꾸준히 증가했다. 사업 다각화를 통해 체질을 개선한 펩시는

2004년 292억 6,100만 달러의 매출을 올렸다. 마침내 코카콜라(219억 6,200만 달러)를 앞질렀다. 2005년부터는 시가총액과 순이익도 코카콜라를 넘어섰다.

누이 회장이 주도한 M&A가 시너지 효과를 발휘하면서 사내 입지도 넓어졌다. 그녀는 2001년 사장 겸 CFO(최고재무책임자)로 승진했고, 2006년 CEO에 올랐다. 2007년에는 스티브 레인먼드로부터 회장 자리까지 물려받았다.

누이 회장은 신흥국 건강식품 시장에 주목하고 있다. 2010년 러시아 최대 낙농식품회사인 윔빌단(WBD)을 54억 달러에 인수한 것은 이 같은 맥락에서다. 펩시는 2018년 러시아가 최대 해외 시장이 될 것으로 관측하고 있다. 윔빌단 인수를 발판으로 중앙아시아와 동유럽 시장까지 공략한다는 구상이다.

2013년엔 중국 경제의 경착륙 우려가 커졌지만 이 시장에 대한 공략을 계속하고 있다. 누이 회장은 "중국이 비록 경기 둔화로 고전하고 있더라도 여전히 한 자리 수 후반에서 두 자리 수 초반의 매출 증가세를 보이고 있다"며 "중국은 조만간 세계 최대 음료시장으로 부상할 것이며 세계 최대 스낵시장 부상도 5~10년 안에 이뤄질 것"이라고 강조했다.

누이 회장은 "아시아와 중동, 아프리카의 성장세는 미국, 유럽보다 4~5배 크다"면서 "음료와 포장 음식 부문의 성장 잠재력이 매우 클 것으로 보고 있다"고 덧붙였다.

건강 강조의 일환으로 요구르트 부문 사업 강화를 위해 독일의 대표적 유제품 업체인 뮐러와도 손을 잡았다. 뮐러와 합작법인을 세워 요구르트 시장을 공격적으로 공략할 계획이다.

누이 회장은 "과일주스, 견과류가 들어간 시리얼, 스포츠 음료 등 건강에 좋은 식품 매출을 2020년까지 300억 달러로 늘리겠다"고 말했다.

빅 데이터의 장악

아마존닷컴 창업자 겸 CEO 제프 베조스는 끊임없이 변화를 추구해왔다. 전자책, 오프라인 유통업, 클라우드 컴퓨팅, 드라마 제작, 우주공학까지 손 안 대는 사업이 없다고 평가 받을 정도다. 2013년 8월엔 베조스 개인 명의로 미국 유명 일간지 〈워싱턴포스트〉까지 인수했다. 하지만 이러한 변신은 철저한 계산에서 나온 결과물이다.

제프 베조스는 창업 준비부터 철저했다. 아마존 설립 시기는 1994년 7월이지만 책은 1995년 하반기부터 판매했다. 서적에 관한 데이터베이스를 만들고 방문자의 편리한 쇼핑을 위한 서비스를 개발하는 데 1년을 보낸 것이다. 동시에 인터넷 판매가 유망한 품목 20가지를 선정했다. 책, CD, 비디오, 컴퓨터 소프트웨어 등의 순서로 판매 품목을 치밀하게 늘려나갔다. 애플 아이패드가 한창 잘나가고 있을 때 아마존은 '킨들 파이어'라는 대항마를 밀고 나오기도 했다.

아마존의 영토 확장은 아직도 진행형이다. 2013년 아마존은 미국 중앙정보국(CIA)과 10년간 6억 달러 규모의 클라우드 컴퓨팅 서비스 계약을 체결했다. 수십 년간 미국 보안시스템을 책임져온 전통적인 강자 IBM의 자존심을 무너뜨린 것이다.

클라우드 컴퓨팅은 온라인의 가상 데이터 저장 관리 공간이다. 아마존이 클라우드 컴퓨팅 서비스인 아마존웹서비스(AWS)를 시작한 건 2006년. 당시 미개척지였던 클라우드 컴퓨팅에 과감히 베팅한 아마존은 현재 190개국에서 수천만 명이 쓰는 점유율 1위의 최대 클라우드 서비스 기업이 됐다. 모건스탠리에 따르면 아마존의 2012년 클라우드 컴퓨팅 부문 매출은 20억 달러로 10년 내 240억 달러까지 커질 전망이다.

아마존의 가장 큰 자산은 세계 1위 인터넷 쇼핑몰을 운영하며 쌓은 엄청난 양의 고객 데이터다. 요즘 IT 업계의 핵심 영역으로 떠오른 빅데이터를 활용해 모든 고객의 구매 내역을 데이터베이스에 기록하고 분석해 상품을 추천한다. 빅데이터에 대한 자신감으로 아마존은 2013년 월마트 등 대형마트의 아성에 도전하는 온라인 식품 유통 사업에도 뛰어들었다. 2014년까지 20개 도시에 식품 서비스를 제공하겠다는 포부다.

아마존은 외적으로 보면 중구난방으로 사업을 다각화하는 것 같지만, 속살을 들여다보면 빅데이터라는 큰 물줄기를 타고 시냇물을 만들 듯 사업을 확장하고 있다. 핵심 역량에 대한 자신감이 아마존의 거침없는 질주의 동력이다.

폭스바겐? 포르쉐?
무엇을 선택할 것인가?

브랜드를 만드는 첫 단추는 무엇인가?

고객의 마음에 어떤 이미지를 심을 것인지에 대한 구체적인 청사진이 있어야 하고 타깃도 명확해야 한다. 소비자의 마음에 확실하게 자리 잡으면, 소비자가 특정 브랜드를 구매할 때 망설이는 시간이 짧아진다. 브랜드를 구매했을 때의 편익이 분명하기 때문이다. 신발 하나를 사면 하나를 더 주는 탐스슈즈처럼 착한 브랜드로 포지셔닝한 브랜드가 있는가 하면, 레이디 가가처럼 악녀 이미지로 포지셔닝하기도 한다. 그러므로 자신의 브랜드가 고객의 마음에 어떻게 인식될 것인지 명확한 그림을 그려야 한다.

브랜드 포지셔닝은 이름만 들어도 제품이나 서비스의 매력, 편익, 가격, 품질, 타깃 등을 단번에 알게 해주는 강력한 메시지다. 제품이 이름 모를 제품으로 남아서 브랜드가 되지 못하는 첫 난관은 고객에게 어떤 이미지를 줄 것인가 라는 첫 단추를 제대로 잠그지 못했기 때문이다. 모든 고객을 만족시킬 수 있는 브랜드는 존재할 수 없다. 그러나 고객을 유혹할 수 있는 매력 포인트는 반드시 잡아야 한다.

푸마 : 포르쉐를 선택하다

'총알 탄 사나이' 우사인 볼트, '불굴의 사자' 카메룬 축구국가 대표 팀, 테니스계의 '흑진주' 세레나 윌리엄스(Serena Williams)와 비너스 윌리엄스(Venus Williams) 자매. 모두 글로벌 스포츠용품 회사 푸마의 후원을 받았다는 공통점이 있다.

지금은 나이키와 아디다스의 뒤를 잇는 명실상부한 글로벌 스포츠용품 회사가 됐지만 푸마에게도 어두운 시절이 있었다. 축구화나 스포츠 브랜드 의류에 관심 있는 사람들은 1990년대 푸마 제품이 한때 매장에서 자취를 감췄던 시절이 있음을 기억할 것이다. 실제로 푸마는 한물간 상품과 1억 달러에 달하는 부채에 짓눌려 파산 일보 직전에 있었다.

이때 푸마가 스포츠웨어 업계의 새로운 흐름을 주도하는 '트렌드 세터'로 변신할 수 있도록 이끈 주인공이 바로 요헨 차이츠(Jochen Zeitz) 전(前) 푸마 회장이다. 29세에 푸마의 CEO 자리에 올라 2011년 초 물러날 때까지 18년간 회사를 머리부터 발끝까지 완전히 바꿔놓았다.

차이츠가 푸마에 입사한 1990년 회사 상황은 절망적이었다. 증권가에선 푸마에 투자하라고 권유하는 애널리스트는 없었다. 8년 연

속 적자 행진에, 빚은 1억 달러에 달했다. 푸마의 제품은 선수들만
이 아니라 젊은이들로부터 외면당했다. 창고에는 싸구려 슬리퍼
100만 켤레가 재고로 쌓여 있었다.

이런 상황에서 1993년 29세의 '애송이'가 푸마의 CEO 자리를 맡
았다. 푸마는 여러 명의 CEO를 갈아치운 뒤 마케팅에서 두각을 나
타낸 차이츠를 발탁하는 모험을 감행했다. 독일 일간 〈디벨트〉는
'갓난아기 CEO'라고 부르며 조롱했다.

차이츠는 이런 평가에 개의치 않고 대수술을 시작했다. 우선 중
구난방이었던 푸마의 로고를 통일했다. 당시 푸마는 부서마다 마음
내키는 대로 엠블럼을 수정해 사용해오다 보니 일치된 기업 이미지
가 없었다. 이것이 바로 브랜드 로열티를 확보할 수 없는 이유였다.
차이츠는 상품 진열대부터 액자까지 매장 내 모든 요소를 '푸마스
럽게' 바꿨다. 젊은 층은 제품의 기능이나 완성도가 아니라 브랜드
를 보고 신발이나 운동복을 구입한다는 판단에서였다.

구조조정도 병행하여 인력을 거의 절반가량 줄였다. 창고 8개 중
6개를 폐쇄했다. 몸값 비싼 모델 대신 아름다운 경관을 회사 홍보에
이용했다. 그 결과 푸마는 이듬해인 1994년 바로 흑자로 돌아섰으
며, 이후 성장을 거듭했다. 2010년에는 매출 27억 유로에 영업이익
3억 6,000만 유로를 기록한 알짜회사로 변신했다. 덩치는 나이키
(190억 달러), 아디다스(119억 유로)에 뒤지지만 시장 인지도나 평판 면
에서는 어깨를 겨룰 만한 기업으로 성장했다. 〈파이낸셜타임스〉는
2004년 차이츠를 '올해의 경영전략가'로 선정했다.

차이츠의 핵심 전략은 푸마 브랜드를 리포지셔닝(repositioning)한

것이다. 덩치 싸움으론 나이키와 아디다스를 절대로 앞서지 못한다는 것을 인정한 뒤 수립한 전략이다. 차이츠는 이들과의 무의미한 경쟁을 금지했다. 그리고 "폭스바겐보다 포르쉐가 돼라"는 목표를 제시했다. 덩치는 작더라도 고급 브랜드로 자리매김하자는 것이었다. 골리앗과 싸운 다윗의 이미지를 차용하기로 한 것이다.

이런 전략에 따라 리포지셔닝을 위해 광고비를 아낌없이 투입했다. 다른 스포츠용품 업체들은 매출의 5% 가량을 광고비로 쓰는 데 비해 푸마는 구조조정 직후부터 매출의 8%를 광고에 쏟아부었다. 차이츠는 "오늘은 이 브랜드, 내일은 저 브랜드가 선택되는 시대"라며 젊은 소비자들의 마음을 움직이기 위해 노력했다. 청소년을 대상으로 '스트리트 사커 컵'을 시행하는 등 저비용 고효율 마케팅 전략도 병행했다.

대규모 구조조정과 리포지셔닝은 경쟁사를 따라가기 위한 체력을 갖추자는 방어적 전략이었다. 푸마는 체력을 보강한 뒤 여성용 스포츠용품 시장 개척에 나섰다. 공격적 승부수를 던진 것이다.

차이츠는 1998년 패션 슈즈를 생산하기 위해 톱디자이너 질 샌더를 영입하여 푸마 라벨이 붙은 '질 샌더 부츠'를 개발했다. 2000년대 들어 비비안 웨스트우드, 미하라 야스히로, 필립 스탁, 알렉산더 맥퀸 등 유명 디자이너들과 손잡고 브랜드 이미지를 바꿔나갔다. 키워드는 '여성'이었다. 그 결과 "프라다 패션과 잘 어울리는 브랜드가 됐다"는 평가를 받았다. 독일 시사주간지 〈슈테른〉은 "푸마는 여성을 발견했고, '페미닌(여성) 스포츠' 사업이 엄청난 수익원이 될 수 있다는 사실에 주목했다"고 평가했다. 고급 여성 제품 비중이 늘면서 기업 이미지도 명품, 여성적 이미지로 변해갔다.

고급 제품 전용 매장도 늘려갔다. 저가 제품 이미지를 탈피하기 위해 독일 내 대형 백화점 체인이었던 카르슈타트와 미국의 스포츠용품 전문 체인 풋라커에 공급을 줄이기도 했다. 대신 샌프란시스코와 도쿄, 파리, 뉴욕에 푸마 전문매장 '컨셉트 스토어'를 열었다. 런던의 해러즈와 함부르크의 토마스풍크트, 뉴욕의 헨리벤델 같은 고급 백화점에도 적극 진출했다.

회사를 대표할 스포츠 스타도 나이키와 아디다스가 이미 후원하고 있는 야구나 축구가 아닌 다른 종목에서 찾았다. 무명 선수들의 어려움을 함께하며 미래 스타를 키워냈다. 유망주에게 일찍부터 투자를 하는 입도선매 전략이었다. 볼트는 "16세 때부터 함께 일했다. 내가 무명일 때도, 부상당했을 때도 도와줬다"며 "정말 좋은 파트너"라고 푸마를 평가했다.

독일 경제 일간지 〈한델스블라트〉는 최근 "글로벌 경기침체에도 불구하고 종합 스포츠용품업체 푸마가 아시아는 물론 남아프리카공화국, 모리셔스, 스와질란드 등의 생산 시설을 대폭 확대하기로 했다"고 보도했다. 글로벌 패션업계가 불황에 몸을 사리고 있지만 푸마는 반대로 가고 있다는 것이다. 차이츠는 푸마가 이처럼 공격 경영에 나설 수 있는 기반을 마련했다.

파버카스텔 : 수집가들이 사랑하는 브랜드

디지털 기기의 홍수 속에 아날로그 제품은 생존의 위협을 받고 있다. 1980년대 PC가 상용화되자 도표 등을 손으로 그릴 필요가 줄어들었다. 1990년대 말 노트북이 확산되자 노트 시장이 무너질 것이라는 우려도 제기됐다. 최근엔 스마트폰과 태블릿PC가 급속히 퍼지고 있다.

이런 가운데 빈센트 반 고흐, 요한 볼프강 폰 괴테 등이 애용한 필기구 브랜드가 승승장구하고 있다면 믿을 수 있을까. 2011년 창립 250주년을 맞은 독일 필기구 기업 파버카스텔은 이런 여건과 글로벌 금융위기에서도 성장세를 이어오고 있다. 연간 20억 개 이상의 연필과 색연필을 생산하며 120여 개 나라에 제품을 수출했다. 2010 회계연도(2009년 9월 17일~2010년 9월 16일) 매출은 4억 5,080만 유로로 전년 대비 5.4% 증가했다. 8대째 가업을 이어오고 있는 가족기업이기도 하다.

1978년부터 파버카스텔을 이끌어온 안톤 볼프강 그라프 폰 파버(Anton Wolfgang Graf von Faber) 카스텔 회장이 제시한 지향점은 '소비자들이 이해할 수 있는 혁신'과 '수집가들이 선호하는 브랜드'다. 이같이 단순해보이는 지향점이 평범한 제품인 필기구에 스토리를 불어넣고 품질을 향상시켜 '특별한' 제품으로 만들어냈다는 것이다. 그는 한 인터뷰에서 이런 얘기를 들려줬다.

"디지털 제품의 확산은 막을 수 없는 대세입니다. 그럼에도 불구하고 아날로그에 대한 수요는 존재할 것입니다. 사람들은 수십 년 뒤에도 여전히 손으로 글씨를 쓰고 그림을 그릴 것이기 때문입니다. 특히 어린이들이 정서적 능력을 키우기 위해선 끊임없이 손을 사용해야 합니다. 따라서 아날로그 제품은 교육 측면에서 더욱 중요하다는 점이 부각될 것입니다. 또한 세계 인구가 늘어나고 신흥국과 개발도상국 경제가 성장하면서 연필 등 아날로그 제품 수요는 꾸준히 증가할 것입니다.

어떤 제품이든 고객의 '삶의 동반자'가 된다는 목표를 추구하면 성장은 어렵지 않다고 봅니다. 아이들이 성장하면서 항상 옆에 두고 쓰는 제품, 그리고 그들이 커서 까다로운 소비자가 됐을 때도 계속 사용하고, 만족하는 제품을 제공하면 성장할 수 있다고 생각합니다.

어린이 시장에서는 놀이와 학습을 돕는 연필과 색연필, 성인 시장에서는 프리미엄 제품군(群)을 꼽을 수 있습니다. 학용품은 교육적으로 가치 있고 아이들의 창의력을 북돋아줄 수 있습니다. 어린 시절부터 형성된 브랜드에 대한 인지도와 충성도는 그들이 성인이 돼도 파버카스텔을 선택하게 만듭니다. 또 산업화된 국가일수록 고령화가 진행되고 고급 제품에 대한 수요가 증가하므로 성인용의 경우 고품격 필기도구 및 액세서리가 시장성이 있습니다. 브랜드 이미지를 구축하는 효과도 큽니다. 처음 색연필을 쥐고 색칠 공부를 시작하는 어린이가 명품 필기도구를 원하는 까다로운 성인 소비자가 될 때까지 그들과 함께하는 것이 성장전략입니다.

제품 혁신은 현재 소비자들이 느끼는 부족함에 대한 해결책을 제시해줄 때 이루어질 수 있습니다. 이런 혁신적 제품의 혜택은 소비자가 쉽게 이해할 수 있어야 합니다. 파버카스텔 제품 가운데 '퍼펙트 펜슬'을 예로 들고 싶습니다. 이것은 연필 한 자루에 지우개와 연필깎이가 모두 내장된 제품입니다. 연필 뒷부분에 지우개를 달고 뚜껑 안에 연필깎이를 넣었습니다. 연필을 사용하는 데 필수적인 두 개의 도구를 결합해 혁신적인 경쟁력을 부여한 것입니다. 물론 둥근 연필이 굴러가지 않도록 육각형 모양의 연필을 개발한 것도 파버카스텔이었습니다.(그가 인터뷰에서 언급하지는 않았지만 연필의 세계 표준을 정한 것도 이 회사다. 단단한 정도(H)와 진한 정도(B)에 따라 8B~8H까지 있는 연필심 등급을 세계 최초로 고안했다. 덕분에 사용자들은 용도에 따라 적합한 연필을 선택할 수 있게 됐다.)

브랜드는 목표가 분명해야 합니다. 그게 비결입니다. 파버카스텔의 경우 수집가들이 사랑하는 브랜드를 만들겠다는 목표를 세웠습니다. 높은 수준의 감각을 가진 수집가들이 제품을 갖게 되면 브랜드 가치가 높아지게 돼 있습니다. 이를 위해 우리 회사는 10년 전 창립 240주년을 기념해 240년 된 올리브나무로 만든 만년필을 만들어 판매했습니다. '그라프 폰 파버 카스텔 컬렉션'의 시작이었습니다. 이후 매년 한 종류의 제품만 수작업으로 만들어 그해에만 판매하고 있습니다. 맘모스 상아나 말갈기, 호박 등 특별한 재료만 사용합니다. 제품마다 식별 숫자를 새겨 넣었고 보증서와 함께 특별한 케이스에 넣어 포장합니다. 2011년 펜은 러시아산 비취 8조각으로 장식했습니다. 8대째 이어져 내려오는 가족기업이라는 의미를 담았죠. 한정판은 희소성 때문에 수집가들이 선호합니다. 이를 통해 고급 브랜드 이미지를 심을 수 있습니다.

전통을 지키면서도 자신의 방식이 맞는지 의문을 갖고 시대의 변화에 최적화하는 것을 두려워해서는 안 됩니다. 특히 소비자에게 혜택을 주는 게 무엇인지 늘 고민해야 합니다. 파버카스텔의 경우 연필에서 시작해 펜, 만년필, 색연필, 붓펜, 색조화장품, 액세서리 등으로 제품군을 확장해왔습니다. 또한 좀 더 편리하고 보기 좋게, 좀 더 쥐기 쉽고 단단하게 제품들의 질을 향상시켰습니다. 특별하지 않은 제품을 특별하게 개발해 경쟁자와 차별화되는 노력이 필요합니다. 그래야 회사가 단기적인 성장에 얽매이지 않고 장기적 발전을 먼저 생각하는 태도를 가질 수 있습니다. 또한 인간적인 미덕을 보여줌으로써 다른 기업들과 차별화해야 합니다. 일례로 파버카스텔은 매년 브라질에 2만여 그루의 나무를 심고 있습니다.”

랄프 로렌 : 유행을 타지 않는 클래식

폴로 브랜드의 창시자 랄프 로렌(Ralph Lauren)은 일반인들이 동경하는 상류사회의 스타일을 보편화한 디자이너로 유명하다. 그러나 로렌이 처음부터 인정을 받았던 건 아니었다.

“넥타이 디자인이 지나치게 튀어요. 유행을 좀 염두에 두고 디자인하지 그래요?”

“제 디자인이 싫으면 받지 마세요. 저는 절대로 디자인을 바꿀 생각이 없습니다.”

1967년 뉴욕 블루밍데일 백화점에서 로렌은 구매 담당자와 실랑이를 벌였다. 당시엔 폭이 좁고 어두운 색상의 넥타이가 유행이었다. 하지만 로렌이 디자인한 제품은 폭이 넓고 화려한 유럽풍 넥타이였다. 구매 담당자가 다른 제품에 비해 지나치게 튄다고 생각할 만했다.

로렌은 고집을 꺾지 않았다. 자신의 이름을 내걸고 창업해 처음으로 내놓은 제품에 대한 자존심 때문이었다. 웬만한 디자이너들과 로렌의 스타일이 다르다고 생각한 구매 담당자는 모험을 해보기로 결심했다. 그리고 매장에 넥타이를 진열했다. 얼마 지나지 않아 놀라운 일이 벌어졌다. 이 넥타이가 불티나게 팔려나갔다. 수많은 넥타이 판매점에서도 납품 요구가 이어졌다. 폴로는 이렇게 세상에 이름을 알리기 시작했다.

넥타이 사업에서 성공을 거둔 그는 곧 남성복 사업에 뛰어들었다. 폴로 남성복의 콘셉트는 '클래식'으로 정했다. 영국 귀족의 클래식한 스타일에 미국식 멋을 가미한 세련된 폴로 스타일을 만들었다. 미국 남성복 유행을 주도하는 뉴욕 맨해튼의 부유한 엘리트 남성을 타깃으로 삼은 것이다. 예측은 정확히 맞아떨어졌다. '폴로 스타일'은 대성공을 거뒀다. 로렌은 1970년 '미국의 패션 오스카'로 불리는 코티 어워드 상을 수상했다.

자신감이 붙은 그는 거침없이 사업을 확장해나갔다. 여성복(1972년)은 물론 아동복(1976년), 향수(1978년), 가정용품(1983년), 골프웨어(1990년), 스포츠웨어(1993년)에 이르기까지 영역을 넓혀나갔다. 1995년엔 페인트 제품까지 선보였다. 마케팅 전략에 맞춰 폴로식 라이프 스타일이 가능하도록 한 것이다. 고객들이 폴로 페인트로 칠한 집에서 폴로 옷을 입고, 폴로 침대에서 폴로 침구를 덮고 잠들며, 폴로 접시에 음식을 담아 식사할 수 있도록 했다.

로렌이 20대였던 1960년대. 당시 1930년대 유명 테니스 챔피언 르네 라코스테가 입었던 피케 셔츠가 유행했다. 로렌은 이를 그냥 지나치지 않았으며 생각에 잠겼다. '단순한 디자인의 라코스테 셔츠가 왜 다시 유행하는 것일까'라며 고민한 끝에 '유행을 타지 않는 단순함'이 비결이라는 점을 간파했다. 1972년 로렌은 이 아이디어를 기반으로 폴로 셔츠를 내놨다. 라코스테 셔츠는 세 가지 색상으로 출시됐다. 소재도 면과 폴리에스터 혼방이었다. 그는 라코스테를 넘어서기 위해 순면으로 된 24가지 색상의 폴로 셔츠를 출시하여 또 한 번 큰 성공을 거뒀다.

깃이 있고 단추가 2~3개 달린 반소매 스타일의 폴로 셔츠는 유행을 타지 않는다. 1970년대 나온 폴로 셔츠를 2010년대에 입어도 촌스럽지 않다는 뜻이다. 습기를 잘 흡수하는 데다 세탁하기도 수월해 실용적인 것도 장점이다.

같은 스타일의 셔츠를 어떤 의류업체가 만들어도 '폴로 셔츠'로 부르게 된 배경이자 로렌의 탁월한 사업 수완을 엿볼 수 있는 대목이다. 다른 의류업체들이 해마다 유행에 맞춰 디자인을 바꿀 때 로렌은 자신만의 클래식한 스타일을 고집했다. 그는 "시간을 초월해 영원토록 모두에게 사랑받는 스타일, 언제까지나 장수할 수 있는 스타일이 가장 중요하다"고 강조했다.

지포 : 라이프스타일 제품

최근 몇 년간 흡연자가 줄면서 라이터 회사 지포(Zippo)가 타격을 입을 것이라는 '위기론'이 나왔다. 하지만 지포는 성장세를 이어가고 있다. 그레고리 부스(Gregory W. Booth)는 CEO에 취임한 뒤 라이터 외의 다양한 제품 매출을 늘렸다. 2011년 라이터 이외의 제품이 지포 매출의 54%를 차지했으며, 이 비중은 매년 증가하고 있다. 그 이유는 라이터를 담배에 불을 붙이는 도구가 아닌 '생활용품'으로 마케팅하고 있기 때문이다. 부스는 "지포의 방풍 라이터(windproof lighter)는 담배만이 아니라 캠핑 등 다양한 레저 활동에서 유용하게 사용되고 있다. 단기간에 라이터 판매가 줄어들 일은 없을 것"이라고 강조한다.

부스는 지포를 '라이프스타일 컴퍼니'로 바꿔가고 있다. 지포의 미래 모습이다. "손난로 등 아웃도어 제품과 시계, 남성용 의류, 가방, 액세서리, 향수 등 현대인이 일상생활에 필요로 하는 다양한 제품을 만드는 브랜드를 추구한다"고 강조했다. 이를 위해 지포의 간판제품인 방풍 라이터의 신뢰성과 내구성을 강점으로 활용하고 있다. 손난로가 대표적인 예다. 지포는 라이터용으로 개발한 열효율이 높은 연료를 쓰기 때문에 다른 제품보다 10배 이상의 열기를 낼 수 있다.

부스가 그리는 20년 뒤 지포의 미래는 라이터 회사에서 완전히 탈피하는 것이다. "라이프스타일 시장에서 기존의 강자들과 차별화된 독창적인 제품을 만들어 지포만의 영역을 구축하겠다"고 말했다. 20년 후면 지포는 창립 100주년을 맞는다.

지포는 사회적으나 문화적으로 사람들의 일상생활과 밀접한 관계를 맺고 있으며, 익숙한 브랜드도 새롭게 여길 수 있도록 제품 다양화와 디자인에서도 진화를 멈추지 않고 있다.

나만의 무기가 있는가?

레드오션에서 살아남는 법은 무엇인가?

인간이 상상할 수 있으면서 실현 가능한 모든 제품과 서비스는 출시되어 있다. 잘나가는 제품을 모방하는 것 역시 쉽다. 그래서 오늘의 블루오션은 기존 경쟁자와 후발자들에 의해 금방 레드오션으로 바뀌고 있다. 날마다 비슷비슷한 제품들이 쏟아져 나오고 비슷비슷한 광고 메시지가 넘쳐나는 시장 상황에서도 고객의 마음을 얻으려면 고객에게 줄 수 있는 특별한 것이 있어야 한다. 남이 줄 수 없고 나만이 줄 수 있는 예리한 무기 하나를 가졌을 때 차별화를 이루게 된다. 특히 고객이 진심으로 원하는 것이 무엇인지 찾아낼 때 차별화를 뛰어넘은 차별화를 만들어낼 것이다.

경상도 봉화에서 농사를 짓던 농부는 1년 동안 땀 흘려 일한 것들을 수확하는 철이 되면 절로 한숨이 나왔다. 팔면 팔수록 손해가 나서 밭을 뒤엎을 수밖에 없었다. 생산자와 소비자의 거리는 너무 멀었다. 유통단계가 많아질수록 생산자가 얻을 수 있는 수익은 낮아졌고 소비자가 지불해야 하는 가격은 높아졌다. 더 이상 채소 농사를 짓기가 힘들어졌다.

농부가 사과 농사를 짓겠다고 결심하면서 선택한 차별화 전략은 '디자인'이다. 과거에 어르신들이 수확한 사과를 서울 강남 사람들에게 팔려고 했을 때 돌아온 반응은 '사과는 맛있는 데 포장 디자인이 예쁘지 않아서 선물하기도 어렵고 손이 가질 않는다는 것'이었다. 또 다시 실패할 수 없었던 농부는 소비자에게 직접 유통해 제값을 받으려면 '디자인'으로 차별화하는 것밖에는 방법이 없겠다고 생각했다. 수십 년 동안 사과 농사를 지어온 가족들과 함께였기에 품질은 자신 있었다.

농부는 디자인 회사를 찾아갔고, 디자인 회사는 20~30대 여성도 사고 싶은 사과 브랜드 디자인을 만들었다. 좋은 것만 주고 싶은 농부의 진실한 마음을 디자인에 입혔다. 그러자 백화점 갤러리에서 전시를 요청했고, 소비자들은 앞다퉈 사고 싶어 했으며 기꺼이 소문을 내고 다녔다. 똑같은 사과가 디자인이라는 옷을 입자 전혀 다른 사과가 됐다. 그것이 절찬리에 판매되는 봉화 사과 브랜드 ‘파머스 파티’다.

성공한 CEO들은 식상한 사업 아이템, 경쟁이 치열한 분야에서도 차별화로 승부를 건다는 특징을 갖고 있다. 특정 상품에 대해 수십 년간 고객들이 갖고 있던 고정관념을 깨뜨린다거나, 발상의 전환을 통해 시장을 세분화하는 것이다. 다음에 소개할 CEO들은 숨겨져 있던 고객의 욕구를 발견해 진부한 아이템으로 여겼던 사업을 신시장으로 바꾼 사람들이다.

육아정보를 교류하는 유아용품 매장

새로운 가게를 연다면 어디에서 시작해야 할까? 당연히 유동인구가 많은 곳이다. 매장 크기는 어떻게 정해질까? 그곳을 지나는 사람의 수에 달려있을 것이다. 만약 인적이 드문 곳이라면? 그곳에 맞게 적당한 크기의 매장을 내야한다. 그러나 이와 정반대로 생각한 사람이 있다. 다음은 쉬웨이훙(徐偉宏) 하이즈왕(孩子王) 사장의 이야기다.

2012년 6월 중국 상하이(上海) 민항구 근처. 상하이 중심가와 변두리의 접점으로 대형마트와 대규모 건설자재 시장 등이 밀집한 이곳에 5000㎡ 규모의 대형 유아용품 매장이 문을 열었다. 2009년 난징(南京)에서 창업한 하이즈왕의 매장이다. 사람들은 “도심 지역도 아닌 곳에서 이렇게 큰 유아용품 매장이 되겠냐”며 고개를 갸우뚱했다.

쉬웨이훙 사장은 "된다. 반드시 성공한다"고 자신했다. 그는 "이건 단지 시작일 뿐"이라며 "앞으로 6개월 내 상하이에 5곳, 중국 전역에 20곳의 매장을 추가로 낼 것"이라고 말했다.

쉬웨이훙 사장은 2006년까지 중국 3위 가전제품 유통업체 우싱(五星)전기에서 일했다. 당시 쉬웨이훙 사장은 새로운 시장을 개척하는 데 탁월한 재능을 발휘했다. 난징 토착기업이던 우싱전기를 난징 외 지역에 처음 진출시킨 주역이 쉬웨이훙 사장이었다. 그가 새로 세운 매장만 100개가 넘었다. 미국 가전제품 유통기업 베스트바이는 2006년 우싱전기를 1억 8,000만 달러에 사들였다.

쉬웨이훙 사장도 적잖은 돈을 받게 되자 곧바로 몇몇 직원들과 신사업 구상에 들어갔다. 유통업 테두리 안에서 신사업 아이템으로 유아용품을 선택하는 것에 큰 이견이 없었다. 중국의 부유층은 점점 늘어나고 있었다. 이들은 자녀들, 특히 '한 자녀 낳기' 정책으로 낳은 외동 자녀에게는 아낌없이 돈을 쏟아부었다. 유아용품은 돈을 끌어모을 수 있는 분야였다.

관건은 어떤 매장을 만드는가에 있었다. 중국엔 이미 수많은 유아용품 매장이 있었다. 대부분 200㎡ 전후의 중소형 매장으로 아이템 수가 많지 않았다. 주로 산부인과 소아과 근처에 자리하며 병원을 찾는 고객들을 끌어들이고 있었다.

문제는 이들 매장의 실적이 그다지 좋지 않았다는 점이다. 요즘 어린아이를 둔 중국 부모들은 주로 1970년~80년대 생으로 어려서부터 인터넷에 익숙한 세대다. 이들은 오프라인에서 물건을 본 뒤 값이 싼 온라인 매장에서 구매하는 성향을 가졌다. 더군다나 3억 명에 달하는 중국 스마트폰 사용자들의 온라인 구매 비중은 점점 높아졌다. 오프라인 매장을 운영한다면 이들을 불러들일 수 있는 전략이 필요했다.

쉬웨이훙 사장은 새로운 개념의 유아용품 매장을 만들기로 했다. 당시 중국에서 급부상하던 '멀티플렉스' 구조에 집중했다. 중국에서는 2000년대 후반부터 영화관, 노래방, 각종 쇼핑센터를 한데 모은 10만㎡ 이상의 초대형 매장들이 연이어 생겨났다. 가구업계 이케아가 이런 컨셉트의 전문 매장을 운영하고 있었다.

쉬웨이훙 사장은 이런 구조를 유아용품에 맞게 업그레이드하기로 마음먹었다. 일단 '마미마미홈'이라고 이름 붙인 회사 홈페이지를 젊은 엄마들의 '정보 교류 장(場)'으로 만들었다. 매장은 단순한 '쇼핑 공간이 아닌, 웹에서 교류한 모든 육아 정보를 체험할 수 있는 만남의 장소'로 꾸몄다.

예를 들어 하이즈왕의 난징 매장에 가면 한쪽에선 임신부를 겨냥한 영양학 강의를 한다. 그 옆에서는 산후 회복기에 필요한 조치들에 대한 강의가 진행 중이다. 물론 매장에 가면 강의에서 언급된 상품들을 모두 살 수 있다. 엄마들이 강의를 듣는 동안 아이들은 다른 쪽에 마련된 놀이방에서 논다. 놀이방 근처에는 1~14세 어린이들이 좋아하는 장난감을 진열한 별도 매장이 있다.

다른 쪽에서는 피아노, 예체능 등 아이들을 위한 조기 교육도 이뤄진다. 임신·출산·육아의 모든 것이 한곳에 모여 있는 셈이다. 쉬웨이훙 사장은 "하이즈왕 매장은 유아용품 소매업장이 아니다"며 "아이들의 성장을 돕는 원스톱 체험 공간이고 온·오프라인 결합체"라고 강조했다.

따라올 수 없는 독보적인 맛

"현재 세계 과일 시장에서 키위가 차지하는 비중은 1%밖에 되지 않습니다. 아직 키위 시장이 더 커질 수 있는 여력이 남아 있단 얘기 죠. 제스프리가 각종 리서치 및 연구 활동에 많은 투자를 하는 이유 입니다."

뉴질랜드의 키위 브랜드 제스프리는 세계시장에서 '키위의 대명 사'로 통한다. 뉴질랜드 키위 수출량의 95%를 차지하며, 세계 키위 시장 점유율은 30%로 명실상부한 1위다. 2위인 칠레 업체와 판매량 에서 13배 차이가 난다.

레인 재거(Lain Jager) 제스프리 CEO가 생각하는 1등 업체의 할 일 은 관련 시장을 키우는 것이다. 키위의 장점을 홍보하기 위한 활동 에 제스프리가 힘을 쏟는 이유다. 농법을 개량해 생산지를 넓히는 데도 큰돈을 투자한다. 주 생산 지역인 뉴질랜드를 벗어나 경작 지 역을 넓히고 공급 조건을 개선하기 위해서도 노력하고 있다. 소비자 들이 더 많은 제품을 쉽게 접할 수 있을 때 수요는 늘어난다는 재거 의 판단에 따른 것이다. 중국과 인도에서도 재배 농가를 선정해 경 작에 들어갈 계획이고, 러시아와 브라질 진출도 타진하고 있다. 그 의 목표는 한 가지. 향후 15년 안에 키위가 세계 과일 시장에서 차지 하는 비중을 현 1%에서 2%까지 늘리는 것이다.

이뿐만이 아니다. 경쟁사들이 따라올 수 없는 고부가가치 신제품을 만들어내는 것이 1등 제스프리를 유지하기 위한 재거의 또 다른 전략이다. 2,700여 개 뉴질랜드 키위 농가의 협동조합 형태로 운영하는 제스프리는 엄격한 품질 관리와 독창적인 마케팅을 통해 같은 농산물을 재배해도 더 비싼 값을 받는 이른바 '명품 과일'을 만들 수 있다는 점을 보여주고 있다.

대표적인 게 바로 골드키위다. 그린키위는 누구든, 어디서나 생산하고 있지만, 골드키위는 15년간의 연구·개발을 거쳐 만들어낸 제스프리만의 독창적인 품종이다. 그린키위보다 20% 정도 비싸지만 최근 3년간 생산량이 2배 이상 늘었고, 고부가가치 상품으로 농가의 큰 호응을 얻고 있다.

골드키위의 등장은 레인 재거가 제스프리 순이익의 약 20%를 신품종 개발 비용으로 투입해 얻을 수 있었던 성과다. 제스프리는 현재 10만종 이상의 키위 신품종을 개발하고 있다. 유전자 조작 등의 방법이 아니라 가지를 접붙여 개발하기 때문에 한 가지 품종 개발에 3년 넘게 걸리는 데다 많은 비용이 든다. 하지만 재거는 "품종 개발은 프리미엄 브랜드를 유지하기 위해서 절대 게을리 할 수 없는 일이다"라고 말하며 흔들리지 않는 신념을 보여줬다.

최근엔 골드키위 이외에 성과도 많이 나오고 있다. 조기 수확이 가능하고 1주일이던 보관 기간을 2개월까지 늘린 신품종 골드키위를 만들어내는 데 성공했다. 또 단맛을 더한 그린키위를 개발해 시장에 내놓을 예정이다. 재거는 제스프리의 성공 비결을 한마디로 정리한다. "경쟁자들이 할 수 없는 새로운 영역을 개척하고, 이를 유지할 수 있는 것이 제스프리의 차별화 전략이다."

재거는 다른 제품과 마찬가지로 키위도 원칙에 충실해야 한다고 판단했다. 특정 상품에 요구되는 가장 기본적이면서 중요한 특징을 키위에 가장 신경 써서 유지하는 것이다. 소비자들은 수많은 키위를 선택할 수 있는데, 그중 소비자가 고르는 상품은 당연히 더 맛있고 합리적인 가격이다. 하지만 만약 맛과 저렴한 가격 둘 중 하나에만 더 힘써야 한다면? 재거는 과일시장의 경우 가격보다는 맛이 더 큰 영향을 준다고 판단했다. "키위의 가장 기본적인 경쟁력은 바로 '맛'이다!"

하지만 뉴질랜드 키위는 경쟁 제품인 칠레산에 비해 개당 생산비용이 40% 높아 가격경쟁력이 떨어졌다. 재거는 고민했다. 생산비용을 줄여 가격경쟁력을 키워야할까? 하지만 결국 제스프리 키위가 1위를 할 수 있는 경쟁력은 다른 제품과 맛의 차이가 확실하기 때문이라는 확신에 더 힘을 실었다. 조금 더 비싸더라도 월등한 품질의 키위를 생산하는 데 힘써야겠다는 경영원칙을 정했다.

품질관리는 재배 농가에서 키위를 수확할 때부터 시작한다. 크기나 당도, 수분 함량, 외관까지 철저한 분류 기준을 마련했다. 제스프리 브랜드 스티커를 붙일 수 있는 키위는 모든 기준을 충족하는 1등급 키위뿐이다. 다른 농업조합이나 회사들이 농가의 생산품 전부를 사들이는 것과 차별화된 점이다. 프리미엄 브랜드로서 품질을 유지하기 위한 방법이다.

물론 이는 재배 농가들의 사전 합의를 통해서만 가능했다. 생산한 모든 제품을 팔 것인지, 양질의 제품만 팔아서 이익률을 높일 것인지는 재배 농가들이 선택해야 한다. 재거는 장기적인 관점으로 볼

때 좀 더 높은 수익을 낼 수 있는 고품질 제품을 판매하는 것이 수익에 도움이 된다고 농가들을 설득했다.

고품질 키위를 생산할 수 있는 또 다른 이유는 농가에 동기를 부여하는 데 있다. 제스프리는 고품질 키위를 생산하는 농가에 더 많은 인센티브를 제공하는 방법으로 품질 개선을 독려하고 있다. 뉴질랜드, 일본, 한국 등 제스프리에 키위를 공급하는 농가는 4,000여 곳 정도다. 뉴질랜드산 키위의 약 85%가 1등급이고 한국산은 약 80%가 1등급이다. 동일한 양을 생산하고도 같은 수익을 올릴 수 없다.

재거는 키위의 당도에 따라 수익을 다르게 주는 '테이스트 제스프리(Taste Zespri)' 프로그램을 운영하고 있다. 소비자는 더 맛있는 키위를 먹을 수 있고, 농가는 더 많은 수익을 올릴 수 있다. 생산지별 편차를 완전히 해결할 수는 없지만, 지역별 특성을 살린 농법을 지속적으로 개발해 1등급 비율을 높이는 데 주력하고 있다.

재거는 업계 1위 기업이 관심을 가져야 할 또 한 가지로 환경문제를 강조하고 있다. 제스프리가 몇 년 전부터 농약이나 화학비료를 전혀 쓰지 않은 유기농 제품을 시장에 공급하고 있는 이유다. 유기농 키위농장도 직접 운영한다. 유기농 키위는 현재 전체 매출의 4%에 불과하고 호응도도 낮지만, 지속 가능한 경영을 위해서는 유기농 산물 비중이 더 늘어나야 한다는 것이 재거의 신념이다. "말로만 환경문제를 얘기할 게 아니라 유기농에 대한 믿음과 관심은 기업이 더 많이 가져야 한다고 생각합니다."

독특한 곳에 입점하는 전략

2011년 말. 뉴욕의 그라운드제로에선 9·11 테러 때 무너진 월드트레이드센터 재건 공사가 한창이었다. 건물 공사 현장 옆, 트레일러에 매달려 공중에 떠있는 노란색 컨테이너가 사람들의 이목을 끌었다. 샌드위치 전문점 '서브웨이' 매장이었다. 서브웨이는 테러 이후 컨테이너 안에 55.74㎡ 규모의 가게를 열었다. 이 가게는 공사가 진행되는 층과 같은 높이로 매달렸고, 매층 공사가 진척될 때마다 서브웨이 매장도 한 층씩 올라갔다. 인부들이 땅에 내려가지 않고도 배고픔을 해결할 수 있도록 하기 위해서다.

이런 '황당한' 위치 선정은 후발주자로서 서브웨이가 취한 전략의 단적인 사례다. 서브웨이는 맥도날드, KFC 등 경쟁업체들이 생각하지도 못한 이 지역에 점포를 열고 브랜드 홍보 효과를 노렸다. 이런 적극적인 마케팅전략에 힘입어 후발주자임에도 불구하고 3만 4,000여 개의 매장을 가진 세계 최대의 패스트푸드 체인이 됐다. 17세에 조그만 샌드위치 가게로 시작해 현재 98개국에 진출한 프레드릭 드루카 서브웨이 회장의 전략은 후발 주자가 어떻게 선두업체를 따라잡을 수 있는지 보여주는 사례다.

서브웨이는 KFC보다 22년 늦은 1974년 프랜차이즈를 시작했다. 후발주자의 약점을 극복하기 위한 전략 중 대표적인 곳은 '독특한 곳에 점포를 세우자' 였다. 쇼핑몰, 대학, 놀이공원, 공항 등 전통적인 '명당'에도 빠지지 않고 입점했다. 하지만 서브웨이가 더 중요하게 여긴 지역은 "고객들이 제대로 된 음식점이 없을 것이라 생각한 곳"이었다. 공사장, 유람선, 세탁소, 고등학교 등이 대표적인 곳이며, 이곳에 입점하여 기존 프랜차이즈가 건드리지 못한 시장을 장악할 수 있었다.

이 같은 입지 선정은 서브웨이 특유의 '웰빙 메뉴' 때문에 가능했다. 서브웨이는 모든 재료를 기름에 튀기지 않기 때문에 주방에 복잡한 설비가 필요 없어서 맥도날드와 KFC 등 경쟁자에 비해 입지 선정의 제약이 적었다. 개점 비용과 운영비도 적게 들어 가맹점주를 모집하기도 수월하며, 음식을 만들 때 노동력도 적게 들었다.

이 같은 점포 확장 방식은 경기에 영향을 받기 쉽다는 비판을 받기도 했다. 하지만 드루카 회장은 "모르는 소리"라고 잘라 말했다. 일단 패스트푸드 업종 자체의 성격이 경기 침체에도 잘 버티는 편이라는 것이다. 소비자들이 값싼 음식을 찾기 때문이다. 또한 해고를 당했거나 당할 위기의 직장인들이 프랜차이즈 사업에 관심을 갖기도 했다. 그는 "서브웨이는 운영 방식이 간단해 오히려 경기 침체의 수혜를 입기도 했다"고 설명했다.

드루카 회장은 남들의 말에 신경쓰지 않고 점포를 확장해가면서 자신의 사업에 확신을 가졌다. 그 덕분에 작게 시작했지만 크게 성공할 수 있었고 끈기있게 사업을 추진해나갔던 것이다.

왜 한 우물만 파고 있는가?

QUESTION

매출은 어떻게 높일 수 있는가?

ANSWER

브랜드 포지셔닝이 뾰족한 하나의 지점을 향해 꽂는 활쏘기였다면, 수익을 낼 때는 세계적인 카사노바가 돼야 한다. 많은 여자의 마음을 사로잡는 바람둥이처럼 수익원을 확보할 때는 한곳에 집중하기보다는 다양한 수익원을 확보해야 한다. 패스트패션을 지향하는 세계적인 의류업체 자라가 오프라인 기반에서 온라인으로 확장한 것처럼 온라인, 오프라인, 라이센싱 등 다양한 창구를 열어놓는 것이 좋다. 매출을 높이려면 한 우물이 아닌, 여러 우물을 파야 한다.

조금만 생각을 전환하면 더 많이 팔 수 있다. 1921년 GM의 자동차 캐딜락의 가격은 미국 자동차 시장에서 가장 비싼 5,690달러였다. 당시 포드의 모델 T가격이 355달러였던 것에 비하면 캐딜락은 부의 상징이었다. 1930년대 대공황이 오자 캐딜락 등 고급승용차는 위기를 맞았다. 1928년 4만 1,172대였던 캐딜락의 연간 판매량은 1933년 6,736대로 뚝 떨어졌다.

이때 회사의 중역이었던 니콜라스 드레이스타트(Nicholas Dreystadt)는 구조조정 1순위였던 캐딜락을 18개월 내 살릴 수 있는 안을 제시했다. 바로 흑인에게도 캐딜락을 팔자는 것이었다.

당시로선 엄청난 파격이었다. 1930년대 흑인들은 인종차별 정책 때문에 식당에서 마음 놓고 밥도 못 먹는 신세였기 때문이다. 그는 백인들에게 수백 달러의 뒷돈을 주고 캐딜락을 사던 흑인들을 캐딜락의 고객으로 끌어들였다. 그 결과 1934년 캐딜락 판매는 70%나 성장했고, GM은 대공황 이후 처음으로 손익분기점을 넘어서는 쾌거를 이뤘다. 단순하지만 누구도 생각하지 않았던 시도로 파산 위기의 브랜드를 살려낸 것이다.

캐딜락의 성공 비결은 지금도 유효하다. '남들이 생각지 못한 단순한 아이디어'로 수익을 낼 수 있는 가능성의 문을 열어야 한다.

스포츠는 훌륭한 광고의 장

1975년 유럽 클럽축구 챔피언전 결승전, 리즈 유나이티드와 경기에서 큰 부상을 입어 24세의 나이에 선수 생활을 그만둔 울리 회네스. 그는 1979년부터 구단 경영에 참여하여 뮌헨의 중흥과 분데스리가의 발전을 도모했다. 회네스 회장은 적자의 늪과 끝없는 침체에서 축구 구단 바이에른을 구해낸 독보적인 인물로 꼽힌다.

당시 바이에른은 구단 창립 이래 최대의 경영 위기를 겪고 있었다. 1975년 우승 후 급격히 팀은 쇠락해갔다. 유럽축구 무대 정상을 한 번도 밟지 못했을 뿐 아니라 분데스리가에서도 보루시아뮌헨글라트바흐, 함부르크SV 등에 챔피언 자리를 내줬다. 팀은 750만 마르크에 달하는 빚더미에 올라앉았다. 비라도 오면 경기장 관중은 수천 명 수준으로 줄어 경기장이 텅텅 비었다. 구단 수입의 85%를 티켓 판매에 의존하고 있던 때라 타격은 더 컸다.

2013년 5월 영국의 브랜드컨설팅업체 브랜드파이낸스가 발표한 보고서에 따르면 바이에른뮌헨의 브랜드 가치는 6억 6,800만 유로로 전 세계 프로축구 구단 중 1위를 차지했다. 맨체스터유나이티드(6억 5,000만 유로), 레알마드리드(4억 8,200만 유로), FC바르셀로나(4억 4,400만 유로) 등 내로라하는 팀들을 모두 제쳤다. 첼시, 아스널, AC밀란, 인테르밀란 등 슈퍼스타들이 즐비한 클럽들도 구단가치에선 바이에른뮌헨에 비교가 안 된다. 2012년 매출은 3억 3,200만 유로, 보유 현금은 1억 3,000만 유로에 이른다.

맨체스터 유나이티드, FC바르셀로나 등 대부분의 '빅 클럽'들이 적자를 벗어나지 못하고 있는 반면 바이에른은 20년 연속 흑자를 기록 중이다. 2011~2012 시즌에 1,100만 유로의 이익을 냈다. 경기장 입장 수입뿐 아니라 방송 중계권과 경기장 광고 등에 따른 수입 등 탄탄한 수익 구조를 갖춘 덕분이다. 독일 프로축구 리그인 '분데스리가'가 영국이나 스페인 리그에 비해 이름값은 떨어지지만, 연봉 거품을 없앤 '실력파' 알짜배기들로 선수단을 운영하고 있는 것도 흑자 운영에 한몫했다.

회네스가 이사진에 들어간 뒤 처음 한 일은 수입원의 다변화였다. 그는 뮌헨 지방의 트럭 제조업체인 마기루스도이츠와 180만 마르크 규모의 스폰서 계약을 체결했다. 회네스는 구단을 위해 인센티브도 포기했다. 한 독일 신문과의 인터뷰에서 "당시 스폰서 계약 커미션으로 매달 1만 마르크와 각종 광고 계약금의 절반을 합법적으로 챙길 수 있었지만, 회사를 살리자는 생각에 부자가 되는 것을 포기했다"고 말하기도 했다.

또한 회네스는 미국식 스포츠 마케팅 기법을 유럽 축구계에 들여왔다. 이사가 된 직후 미국으로 날아가 미국 프로야구단과 농구단, 미식축구 구단들의 수익 구조를 파악했다. 그는 "바이에른이 엽서 쪼가리나 팔던 조그만 매장만 갖추고 있던 시절, 미국 스포츠 구단들은 구단 전용숍에서 티셔츠와 스카프, 모자, 가방을 팔고 있었다"고 회상했다. 배운 것을 곧장 실행에 옮겼다. 바이에른 유니폼을 비롯해 구단 로고가 들어간 제품을 파는 스포츠 용품 전용매장을 마련했다. 요즘은 어느 구단이나 다하는 유럽 축구팀의 티셔츠 판매 문화를 회네스가 도입한 것이다.

1980년대 스포츠 중계를 눈여겨본 회네스는 TV중계권료와 스폰서 확대에 나섰다. 회네스는 구단의 주 수입원을 티켓 판매에서 TV 중계권과 스폰서십으로 변화시켜 나갔다. 회네스는 "어린 시절 독일에 주둔하고 있던 미군이 뿌린 각종 인쇄물과 미국 방송물을 통해 광고의 중요성에 눈을 떴다"며 "당시 스포츠업계는 티켓 판매 외의 다른 수입원을 생각하지 못했지만, 스포츠가 훌륭한 광고의 장이 된다고 생각하니 수입원이 끝없이 늘었다"고 회고했다.

현재 바이에른은 메인 스폰서인 도이체텔레콤으로부터 연간 2,000만 유로를 후원받고 있다. 또 각종 상품 판매로 연간 4,400만 유로의 매출을 올리면서 티켓 판매 수입에 대한 의존도는 전체 매출의 15~20% 선으로 떨어졌다.

구단 재정 상황이 좋아지자 바이에른의 팀 성적도 올라가기 시작했다. 1980년대 이후 바이에른은 2년에 한 번꼴로 분데스리가를 제패했다. 유럽 무대에서도 챔피언스리그 우승 2회, 준우승 5회 등 좋은 성적을 이어갔다. 회네스가 재직한 34년간 바이에른의 매출은 20배 이상 증가했다. 팬클럽에 등록한 회원 수도 10만 명으로 증가했으며 축구 구단 중 세계 2위 수준을 차지하고 있다. 회사를 회생시키고 선순환 궤도에 올려놓은 회네스는 2009년 영업이사직을 떠나 구단 회장직을 맡았다.

황금알을 낳는 캐릭터

아이언맨과 엑스맨으로 잘 알려진 만화제작사 마블. 하지만 곰곰이 생각해보면 200년 이전만 해도 이들 캐릭터들은 세계인들에게는 생소했다. 마블도 마찬가지였다. 인터넷이 대두하면서 만화책 시장은 사양길로 접어들었고, 한 시대를 주름잡던 만화잡지들도 하나둘 사라졌다.

한때 한국의 만화잡지를 대표하던 〈보물섬〉이 폐간된 1996년, 마블 역시 파산했다. 그리고 이듬해인 1997년 아이작 펄뮤터는 마블의 대주주로 회사를 책임지게 됐다. 펄뮤터는 만화책과 마블의 슈퍼히어로들은 잘 알지도 못했고 관심도 없었다. 만화를 좋아하지 않는 만화잡지사 대표였던 것이다.

하지만 펄뮤터에게는 마블을 회생시킬 뚜렷한 전략이 있었다. 바로 슈퍼히어로 캐릭터 그 자체였다. 1990년부터 마블 캐릭터들을 모델로 장난감을 만드는 토이비즈를 경영하며 마블과 인연을 처음 맺은 펄뮤터는 '캐릭터'가 갖는 파괴력을 알고 있었다. 그리고 그 캐릭터를 잘 이용하면 마블이 만화를 판매하지 않더라도 수익을 낼 수 있는 회사로 완전히 바꿀 수 있을 거라고 생각했다.

이를 위해 그는 먼저 만화잡지 판매에 주력하던 마블을 전혀 다른 회사로 탈바꿈시켰다. 앞으로도 쇠퇴가 불가피한 잡지 및 만화책 판매 부문을 과감히 정리하고 캐릭터 가치를 이용한 파생사업에 집중하기로 한 것이다. 특히 마블의 슈퍼히어로들을 블록버스터 영화를 통해 부활시키는 데 회사의 사활을 걸었다.

이전에도 마블 캐릭터를 영화에 적용하려는 시도는 있었다. 마블의 대표 캐릭터라고 할 수 있는 '캡틴아메리카'의 영화화가 1990년 시도됐기 때문이다. 스파이더맨은 여러 차례 영화와 만화, 드라마 등을 통해 제작됐지만 파급력은 기대보다 작았다. 영화는 흥행에 실패했고 캐릭터 상품 판매도 미미했다. 따라서 펄뮤터의 경영 방향에 대해 마블 내에서도 회의적이었다.

물론 펄뮤터는 과거의 실패를 답습할 생각은 없었다. 그는 과거 영화 사업이 실패했던 것은 마블의 빈약한 자본에 있다고 생각했다. 슈퍼히어로들이 나오는 영화는 특수효과 등으로 많은 제작비가 소요될 수밖에 없었다. 그런데 만화출판사인 마블은 충분한 제작비를 댈 수 없었고, 결과물은 안쓰러운 수준의 특수효과로 만든 지루한 영화였다. 그는 제작 방식을 완전히 바꿔 대형 영화사들과 손을 잡았다. 제작비는 영화사가 대고 마블은 캐릭터 제공에 따른 로열티만 받기로 한 것이다. 영화가 흥행하면 마블의 로열티 수입이 늘어나는 것은 물론 완구 판매 등을 통한 수익이 창출될 것이라는 예상에서다.

이 같은 전략은 맞아떨어졌다. 펄뮤터가 CEO가 된 이후 처음 내놓은 〈엑스맨1〉을 시작으로 이후 5편의 관련 시리즈가 모두 흥행에 성공한 것이다. 이런 전략은 스파이더맨 시리즈의 성공으로 이어졌다. 7,000만 달러였던 〈엑스맨1〉의 제작비는 여름 할리우드 블록버스터로는 상대적으로 '저렴한' 수준이었지만 파산 상태에서 간신히 회생하던 마블 혼자서는 감당할 수 없던 수준이었다. 하지만 거듭된 영화 흥행으로 수익을 올린 마블은 2008년 1억 4,000만 달러를 들여 '아이언맨'을 독자 제작할 수 있는 수준까지 성장했다.

마블의 성공에 주목한 월트디즈니는 2009년 12월 마블을 42억 4,000만 달러에 인수했다. 인수 직후 디즈니가 3억 달러를 투자해 제작한 영화 〈어벤저스〉는 2012년 15억 달러의 수익을 올렸다. 〈아바타〉, 〈타이타닉〉에 이어 역대 흥행성적 3위에 해당한다. 디즈니가 제작한 영화 중에서는 가장 좋은 성적이다. 10여 년 전만 해도 한계에 부딪혀 쇠퇴의 길을 걷던 회사가 황금알을 낳는 거위로 탈바꿈한 것이다. 아이언맨부터 헐크까지 마블 캐릭터가 총망라된 〈어벤저스〉는 펄뮤터가 일찍이 강조한 캐릭터의 힘을 잘 보여주는 영화였다. 이 같은 선견지명을 디즈니에서도 인정받은 펄뮤터는 회사를 매각하고도 여전히 마블 CEO로 남아 있다. 오히려 디즈니의 소비자 상품판매 부분까지 맡으며 업무 영역을 넓혔다. 인수대금을 현금이 아닌 디즈니 주식 250만 주(지분율 3%)로 받아 과거 픽사를 디즈니에 매각한 스티브 잡스에 이어 개인으로는 두 번째 많은 지분을 갖게 됐다.

디즈니가 마블을 인수한 이후에도 한계에 다다른 산업을 수익성 높은 분야로 180도 바꾸는 펄뮤터의 독특한 경영 스타일은 더욱 두드러졌다. 2011년 디즈니의 소비자 상품판매 부문 주요 책임자들을 모두 바꾸는 조직개편이 단적인 예다. 이전까지 해당 부문을 맡았던 앤디 무니(Andy Mooney) 전(前) CEO는 '백설공주' 등 기존 캐릭터에 집중했다. 장기간 로열티 계약을 유지하여 안정적인 수입을 올리는 데 초점을 맞췄다. 반면 펄뮤터는 마블의 캐릭터를 중심으로 10대 소년들을 집중 공략해야 한다고 강조했다. 캐릭터에 따라 로열티 계약을 자주 갱신해 좀 더 높은 수익을 올려야 한다고 지시했다.

두 사람의 불화 끝에 무니 측 경영진은 모두 회사를 떠났다. "도대체 누가 누구를 인수한지 모르겠다"는 불만이 기존 디즈니 직원들 사이에 터져 나왔다. 피인수 기업에 인수 기업의 경영 방침이 관철되는 것이 일반적인데, 정반대였기 때문이다. 하지만 2012년 1분기 디즈니 소비자 상품판매 부문은 2010년 같은 기간보다 35% 늘어난 2억 900만 달러의 영업이익을 올리며 펄뮤터의 주장이 맞았음을 방증했다.

일본 브랜드 키티 역시 캐릭터 라이선스로 수익의 다변화를 꾀했다. 2005년 산리오 대표 쓰지 신타로는 다른 업체에 캐릭터 라이선스를 제공하는 것으로 비즈니스 모델을 전환해야 할 시점이라고 판단했다. 내부 중심으로 제품을 만들다보니 아이디어와 다양성의 한계에 부딪쳤다는 생각이었다.

속옷·가구·화장품·도서·카드업체 등 여러 회사에 키티 라이선스를 팔기 시작했다. 현재 산리오와 제휴를 맺은 기업은 800여 곳. 키티 라이선스 제품은 한 해 5만 여종에 달한다. 제휴사 중엔 보석업체인 스와로브스키, 시계업체인 스와치 등 유명한 기업도 많다. 5엔짜리 사탕부터 1,500만 엔짜리 다이아몬드 장식품까지 있다. 대만 에바항공은 키티 비행기까지 선보였다. 헬로 키티의 성공 요인을 과학적으로 분석한 정재승 KAIST 바이오 및 뇌공학과 교수는 "키티는 세상에서 가장 빠르게 번식하는 자기복제 고양이"라고 말했다.

2012년 산리오의 전체 매출에서 해외 라이선스 부문이 차지한 비율은 70%에 달했다. 제품을 만드는 회사에서 라이선스 회사로의 변신에 성공한 것이다. 다만 쓰지 신타로는 한 가지 원칙을 정해놓고 실천하고 있다. 술, 담배, 섹스, 폭력과 관련한 물건엔 절대 라이선스를 허용하지 않겠다는 것. 키티의 깨끗한 이미지를 지키기 위해서다. "키티 캐릭터가 들어간 칼은 볼 수 없을 것"이라고 단언한 것은 이 같은 이유에서다.

숫자가 모든 것을 말해준다

기업을 운영할 때 챙겨야 할 가장 중요한 한 가지는 무엇인가?

숫자는 모든 것을 말해준다. 사람들이 매 초마다 바뀌는 주식 전광판을 뚫어져라 목을 매고 쳐다보는 이유는 하락과 상승을 오고가는 숫자가 기업의 모든 것을 말해주기 때문이다. 회사의 숫자에는 회사의 모든 스토리가 담겨 있다. 숫자는 회사의 평판, 신제품 출시, 업계 상황, 신사업 전략, CEO의 이동 등 모든 것을 담고 있다. 회사의 어제와 오늘과 내일을 보기 위해서는 매출과 비용의 쌍곡선, 그리고 그 속의 세세한 이야기에 관심을 기울여야 한다.

"측정할 수 없으면 관리할 수 없고, 관리할 수 없으면 개선할 수 없다"고 현대 경영학의 아버지라 불리는 피터 드러커가 말했다. 사람이 모인 조직, 즉 회사는 매 순간 어지럽다. 하루가 다르게 변하는 시장 상황은 회사 안보다 더 복잡하다. 혼돈의 상황은 날마다 개선을 요구한다. 개선하려면 먼저 측정을 해야 한다. 지금 현재의 상황을 정확히 보여주는 것은 숫자뿐이다. 숫자는 모든 것을 알고 있기 때문이다.

적자가 나는 품목을 열심히 팔아봤자 그 수고로움은 결국 회사의 패망으로 이른다. 돈을 아무리 열심히 벌어봤자 돈을 더 열심히 쓰면 결국 망한다. 우리 회사에서는 적자인 것이 다른 회사에서는 흑자가 될 수 있다면, 그 사업 영역은 매각하는 것이 낫다. 무엇을 팔 것인가, 어디에서 팔 것인가, 어디에 얼마만큼의 돈을 쓸 것인가 등 기업 의사결정의 중추는 숫자를 기반으로 한다. 그래서 숫자를 놓치면 모든 것을 놓친다.

CEO들은 숫자에 예민해야 한다. 자신보다 숫자를 믿고, 제때에 회사의 몸집을 조정하고, 10원도 쓸데없는 곳에 쓰지 않고, 회사에 수익을 남기는 제품이 무엇인지 정확히 알아야 하는 사람들이다.

감각보다 숫자를 믿는다

1996년 코치의 CEO로 발탁된 류 프랭크포트(Lew Frankfort) 회장은 감각보다 숫자를 믿는다고 한다. 학창 시절 경제학자이자 철학자인 존 스튜어트 밀의 영향을 받은 까닭이다. 매출액과 수익률, 점포 수 등은 항상 외우고 다닐 정도였다. 그의 꼼꼼한 '숫자경영'은 코치가 글로벌 시장으로 발을 넓히는 데 크게 기여했다는 평가를 받고 있다.

코치는 매년 약 10만 명에 달하는 사람을 상대로 설문을 한다. 전문 설문기법으로 철저한 시장조사를 한 뒤 특정 국가에 진출한다. 그는 "1990년대 말 일본 소비자들은 이미 명품 가방에서 액세서리로 눈을 돌리고 있었기 때문에 다양한 재질의 제품을 선보였지만, 한국에는 아직 코치라는 브랜드 인지도가 낮았기 때문에 가죽과 전통 문양이 들어간 제품 위주로 명품 이미지를 굳히는 데 주력했다"고 설명했다.

2012년 코치 매출의 90%는 미국과 일본에서 올렸다. 프랭크포트 회장은 나머지 아시아 국가와 중동 시장 개척에 주력하고 있다. 중국에는 2012년 95개 점포를 열었고, 2013년엔 30개를 더 열었다.

그의 철저한 '숫자 중심주의'는 2003년 광고 중단에서 드러난다. 광고비를 줄여 제품 배송에 사용하겠다는 게 의도였다. 고객이 부담하는 배송 비용이 낮아지면 충성도가 높아지는 효과가 있다고 판단한 것이다. 브랜드 가치가 무엇보다 중요한 인터넷 기업의 광고 중단은 충격적인 사건이었다. 하지만 그의 광고 중단 결정은 철저한 조사 뒤에 나온 수치를 근거로 한 것이었다. 두 도시를 선정해 한 도시에서는 일정 기간 광고를 집행하고, 다른 도시에서는 광고

를 중단하는 실험을 했다. 그 결과 매출에 큰 차이가 없다는 결론에
도달했다.

어떤 제품을 팔아야 가장 많이 남지?

유명 란제리 브랜드인 빅토리아 시크릿을 소유하고 있는 리미티드
브랜즈(Limited Brands Inc)의 레슬리 웩스너(Les Wexner)는 1937년 미
국 오하이오 주에서 가난한 러시아 이민자의 아들로 태어났다. 가정
형편 탓에 용돈은 꿈도 꾸지 못했다. 9세 때부터 매일 집안일을 도
왔다. 동네 작은 가게의 매니저로 일하던 아버지는 웩스너가 15세
때 아들의 이름을 따서 여성복 점포를 차렸다.

그런데 부모님은 1주일에 80시간 넘게 일했지만 1년에 1만 달러
도 벌지 못했다. 대학에 진학해 법학과 경영학을 전공했지만 부모님
이 왜 계속 가난한 건지 궁금증이 풀리지 않았다. 대학을 중퇴하고
아버지의 가게 일을 도왔다. 부모님이 휴가를 간 사이 가게에서 파
는 상품 중 어떤 것의 이익이 가장 큰지 통계를 냈다. 스커트, 스웨
터, 셔츠, 블라우스는 이익이 나고 드레스와 코트는 손해가 난다는
걸 알아냈다. 아버지가 휴가에서 돌아왔을 때 어떤 상품을 팔아야
가장 많이 남느냐고 물었다. 아버지는 자신 있게 대답했다. "그야
물론 값비싼 드레스와 코트지!"

웩스너가 돈 되는 것만 팔자고 하면서 말다툼이 시작됐다. 아버
지는 "난 평생을 일했는데 네가 의류업에 대해 뭘 아느냐"고 호통을
쳤다. 아버지를 이길 수는 없었다. 이모에게 5,000달러를 빌려 1963

년 작은 가게를 열어 독립했다. 매장에는 여성용 스포츠웨어 단품만 내걸었다. 가게 이름도 한정된 상품만 판다는 뜻의 '리미티드(Limit-ed)'로 지었다. 경영철학은 하나였다. 백화점에 대항해 살아남으려면 전문화가 필수라는 것이다.

리미티드는 1년 동안 16만 달러의 매출을 기록했다. '의류업계의 IBM이 돼보자'고 꿈을 키웠다. 2년차에는 사업이 3배로 컸다. 두 번째 상점을 개점했고, 다음 해에는 6개로 점포를 늘렸다. 1969년엔 주식회사를 설립해 주식을 발행했다. 가족들과 사람들은 미쳤다고 했다. 하지만 20년 뒤 제너럴일렉트릭(GE)보다 주가가 더 빠르게 상승한 몇 안 되는 주식이 됐다. 1979년 리미티드 브랜즈는 미국에 318개 매장을 둔 대형 패션업체로 성장했다.

지독한 원가절감

2008년 4월 미국 로스앤젤레스 할리우드에서 열린 영화 〈아이언맨〉의 개봉 행사. 로버트 다우니 주니어, 기네스 펠트로 등 화려하게 차려입은 영화배우와 영화업계 관계자들 사이에 초라한 모습의 노인이 서 있었다. 바로 미국 만화잡지사 마블 CEO인 아이작 펄뮤터였다. 그는 행사 시간 내내 다른 사람들과 어울리지 않고 혼자 있다가 행사가 끝나자 쓸쓸히 행사장을 빠져나갔다.

〈엑스맨〉 시리즈와 〈스파이더맨〉 등 마블의 캐릭터를 활용한 영화들은 이전에도 있었지만 마블이 독자적으로 만든 영화는 〈아이언맨〉이 처음이다. 회사 입장에서는 매우 중요한 행사였지만 펄뮤터는 가짜 수염과 뿔테 안경을 이용해 변장한 채 행사장에 나타났다. 가장 가까운 지인조차 "행사가 끝날 때까지 그인지 알아보지 못했다"고 했을 정도였다. 펄뮤터는 영화 제작은 물론 마케팅 과정에서도 전면에 나서지 않았다. 독특한 펄뮤터의 성격과 경영 능력을 동시에 보여주는 일화다.

지인들을 통해 전해지는 CEO로서 펄뮤터의 모습은 '지독한 원가절감'과 '일 중독'으로 요약된다. 〈아이언맨〉에서 중요한 조연인 공군 중령 제임스 로드 역이 1편 테렌스 하워드에서 2편 돈 치들로 바뀐 것이 단적인 사례로 꼽힌다. 시리즈의 일관성을 깨는 한이 있더라도 출연료를 아끼기 위해 배우를 경질한 것이다. 의사결정 과정에서 펄뮤터는 "어차피 흑인 배우는 다 똑같아 보이지 않냐"며 교체를 주장해 인종차별 논란을 낳기도 했다.

그의 오랜 사업 파트너인 애비 아라브는 "펄뮤터는 사용한 종이한 장 그대로 버리는 법이 없다"며 "8개 조각으로 잘라 사용한 부분은 버리고, 나머지는 새로운 메모지로 사용한다"고 전했다. 펄뮤터는 마블 매각으로 백만장자 대열에 합류했지만, 개인 비행기가 아닌 상용기를 이용한다. 사용한 지 25년이 넘은 자동차를 아직 몰고 있다.

자르고 붙이면 어디에서든 수익이 나온다

미국 언론 재벌 허스트그룹(Hearst Corporation) CEO 프랭크 베넥(Frank A. Bennack)의 경영은 신속했고, 한계를 두지 않았으며 과감했다. 돈이 된다 싶으면 업종을 가리지 않고 투자했고, 필요 없다고 생각되면 뭐든 팔아치웠다. 그가 재임 기간 M&A에 쓴 돈만 100억 달러에 이른다. 2011년 프랑스 언론그룹 라가르데르(lagardere)에 6억 4,000만 달러를 주고 패션잡지 〈엘르〉 등 100개의 신문과 잡지를 한꺼번에 인수한 게 대표적 예다.

그는 헬스케어 정보회사인 밀리만케어 가이드라인에도 투자했다. 일찌감치 방송의 힘을 깨우친 그가 미국의 대표적 채널 중 하나인 ABC를 비롯, 히스토리채널, 라이프타임, ESPN 등을 인수한 것은 당연한 결과다. 세계적인 신용평가회사 피치(Fitch)에도 투자했다.

가장 충격적인 결정은 2000년 샌프란시스코 〈이그재미너(Examiner)〉를 매각한 것이다. 〈이그재미너〉는 창업자 허스트가 처음 사들인, 그룹의 모기업이었다. 당시엔 허스트그룹의 재무 상황도 나쁘지 않았다. 베넥은 "미래를 위한 현금이 필요하다"며 매각을 강행했다. 그에게 전적인 신뢰를 보내던 허스트 가문도 이때만큼은 크게 반발했다. 결국 2002년 베넥은 경질됐으나 2008년 리먼브러더스 파산으로 미디어 산업이 위기에 빠지자 다시 베넥을 불러들였다. "위기에 대비해야 한다"는 베넥의 주장이 맞아떨어졌기 때문이다. 인터넷 등 뉴미디어의 등장으로 세계 언론 산업이 위기에 빠져 있지만 허스트그룹은 지금도 무차입 경영을 지속하고 있다.

값싸고 질 좋은 제품은 팔린다

불패하는 제품의 비결은 무엇인가?

제품 차별화가 점점 어려워지고 제품 수명도 짧아지고 있는 현 시장 환경에서 오랫동안 넘버원 브랜드를 지켜낸다는 것은 어려운 일이다. 그러나 동서고금을 막론하고 홍수처럼 쏟아지는 제품들 중 값싸고 질 좋은 제품은 소비자의 사랑을 받아왔다. 가장 많은 사람들에게 가장 오랫동안 사랑받을 수 있는 최적의 조건, 최고의 브랜드 이미지는 '싸고 좋은 것'이다.

소비자들이 물건을 구매할 때 가장 많이 하는 말은 '싸고 좋은 것'이다. 싸면서도 좋은 물건을 찾기란 그만큼 어렵기 때문이다. 아무것도 따지지 않고 믿고 사도 좋은 브랜드는 그 브랜드 이미지를 만들어내기까지의 비용 때문에 가격을 낮추기 어렵다. 저렴한 제품은 대부분 비용 구조를 맞추기 위해 품질을 양보하고 가격을 택하는 사람들을 위해 양산되고 있다. 저렴하지만 좋은 것은 희소 가치가 있어서 소비자들의 사랑을 더 많이 받는다. 저렴하지만 좋은 것을 찾으려면 굉장히 많은 시간과 노력이 필요하다. 그래서 싸고 좋은 것에 대한 정보를 공유하는 온라인 사이트들은 왕성하게 운영된다.

품질이 낮은 제품을 싸게 파는 것은 당연하지만, 품질이 좋은 제품을 싸게 파는 것은 전략적인 선택이다. 2007년, 그리스식 요구르트를 세상에 첫선을 보인 초바니 대표 울루카야는 지속적인 경쟁력을 갖기 위해 품질은 좋지만 싸게 파는 전략을 택했다. 요구르트의 신선도를 유지하기 위해 중간 유통업자를 없애고, 직접 롱아일랜드의 상점들을 찾아가 300개의 물량을 공급했다. 상점 주인들은 초바니를 유기농 코너에 진열하자고 했지만 그는 일반 식품 코너에 진열했다.

초바니가 첫선을 보였을 때 미국 요구르트 시장은 다농과 요플레가 71%를 점유하고 있었고, 그리스식 요구르트 시장은 2%에 불과했다. 울루카야는 "처음부터 비싼 유기농 제품이라는 인식이 생기면 다농, 요플레 등 경쟁업체들이 저가 정책을 펼칠 때 대책이 없다"고 판단했다. 초바니는 지금도 6온스 당 1달러 30센트의 가격을 유지하고 있다. 초조한 1주일을 보내고 초바니의 재주문이 들어오기로 한 날, 결과는 '대박'이었다. 300개의 주문이 다시 들어올 것이라던 예상을 뒤엎고 두 배가 넘는 600개의 주문이 쏟아졌다. 창업 3년만인 2009년 중반에는 1주일에 20만 개를 납품하는 중견 기업으로 성장했다. 품질은 좋지만 비싸지 않은 제품을 소비자에게 공급한 쾌거였다.

합리적인 명품

명품 브랜드 코치는 1997~98년 아시아 금융위기가 닥쳤을 때 사업을 축소하기보다 경쟁제품에 비해 가격을 낮추는 방식을 택했다. 10~20% 낮아진 가격과 화사한 색상의 제품은 젊은 세대들의 눈길까지 사로잡았다. 코치는 2000년 뉴욕증권거래소에 상장했다. 2001년부터 2011년까지 회사의 매출은 22%, 주당 이익은 35%나 뛰었다.

코치의 프랭크포트 회장의 경영철학은 단순하다.

- 좋은 재질을 쓸 것
- 다른 브랜드와 전혀 다른 이미지를 가져갈 것
- 부담 없는 가격으로 판매할 것

그의 철학은 코치 매장에 가보면 그대로 알 수 있다. 40달러에서 270달러에 이르는 넓은 가격 범위의 제품이 모두 있다. 진열 기준은 가격이 아니라 색깔과 모양이다. 프랭크포트 회장은 "소비자들은 우리가 생각한 것보다 훨씬 똑똑해서 이 제품이 다른 제품에 비해 왜 비싸고 싼지 금방 알아차린다"며 "내가 원하는 스타일에 돈을 지불하는 것이지, 가격에 맞춰 스타일을 바꾸지는 않는다"고 강조한다.

1950년대까지 소가죽으로 여성용 핸드백을 만드는 건 불가능했다. 너무 두껍고 질긴 탓이었다. 그때까지 모든 핸드백은 딱딱한 판에 얇고 부드러운 양가죽을 덧대 만들었다. 1960년대 들어 이 같은 고정관념이 깨졌다. 미국 뉴욕 맨해튼의 가먼트 지구(Garment District)에 자리한 작은 무명 공방에서 변화가 시작된 것이다.

20년간 이 공방에서 가죽 세공업자로 일하던 마일스 칸과 릴리언 칸 부부는 소가죽을 부드럽게 만든 뒤 염색하는 신기술을 개발, '코치(Coach)'라는 브랜드를 탄생시켰다. 마침 전쟁이 끝난 뒤 직장 생활을 하는 여성이 크게 늘면서 부드럽고 튼튼한 코치 소가죽 핸드백은 명품 수제 가방으로 자리 잡았다. 하지만 칸 부부가 고집한 고전적인 유럽식 디자인은 젊은 층을 사로잡지 못했고, 인기는 곧 시들해졌다. 전통적인 수작업 방식을 고집하던 코치는 1980년까지 매출 600만 달러짜리 가내수공업에 불과했다.

코치의 성공을 이끈 건 이 무렵 전문 경영인으로 코치에 합류한 류 프랭크포트 회장 겸 CEO다. 코치는 이때부터 가죽 소재의 핸드백 이외에도 다양한 소재를 활용해 액세서리·장갑·보석류·가방

등의 제품을 선보이기 시작했다. 100만 원 이상의 고가품부터 일반 소비자들이 부담 없이 살 수 있는 제품까지 가격대도 다양하다.

'합리적인 명품'이라는 뜻의 '어포더블 럭셔리(affordable luxury)'라는 신조어까지 탄생시키며 대중적인 명품 시장의 선구자가 된 코치. 지금은 연매출 48억 달러의 명품 기업이 됐다. 프랭크포트 회장은 "럭셔리란 편안한 마음으로 구매할 수 있으면서도 혁신적인 가치를 지니는 것"이라고 말한다.

값싸고 질 좋은 상품은 언제든 팔린다

2008년 일본 소매업체들은 모두 어려움을 겪었다. 미국발 금융위기가 전 세계를 휩쓸었기 때문이다. 8월에는 베이징에서 올림픽이 열렸지만 경기는 나아지지 않았다. 도요타자동차조차 적자를 기록할 정도였다. 의류업계는 소비가 살아나지 않아 부도를 내는 기업이 속출했으며 살아남은 기업도 적자에 허덕였다.

그러나 야나이 다다시(柳井 正) 회장이 이끄는 패스트리테일링은 예외였다. 대표 브랜드인 '유니클로'가 가을에 판매를 시작한 보온내의 '히트텍(Heat Tech)'이 대히트한 덕이다. 히트텍은 11월 한두 종류씩 품절되기 시작했다. 12월 초에는 준비한 2,800만 장이 모두 동나면서 매출 증가라는 결과로 이어졌다. 2009년 8월 결산에서 패스트리테일링은 1년간 매출 6,850억 엔, 영업이익 1,086억 엔을 기록했다. 전년보다 각각 16.8%, 24.2% 증가했다.

히트텍이 붐을 일으킨 것은 우연이 아니었다. 히트텍은 얇으면서도 속옷보다 훨씬 따뜻하고, 소재가 합성섬유여서 다양한 상품을 개발하기 쉬웠다. 가격도 1,000엔 내외로 저렴했다. '불황형 상품'이었던 셈이다. "불황이든 호황이든 값싸고 질 좋은 상품은 팔린다"는 게 야나이 회장의 전략이다.

야나이는 사업의 규모가 커짐에 따라 질 낮은 옷이 들어오는 것이 불만이었다. 싸고 질 좋은 제품을 판매할 수 있는 더 좋은 방법을 찾기 시작했다. 그가 찾은 해법은 제조부터 생산, 판매까지 직접 하는 SPA(제조·직접판매형 의류) 방식이었다. SPA는 중간 유통단계를 줄일 수 있기 때문에 싼 값에 자사 브랜드 상품을 공급할 수 있는 게 장점이었다. 야나이에게 영감을 준 사람은 홍콩에서 만난 레이 지미(Lai Chee Ying Jimmy)라는 사업가였다. 레이 지미는 원래 미국 의류회사의 하청을 받아 일하다가 SPA 방식 캐주얼 의류 전문점 '지오다노'를 창업해 크게 성공한 인물이다. 야나이는 그를 벤치마킹했다.

문제는 회사의 판매력이었다. SPA 브랜드 의류는 제조한 상품을 직접 팔아야 하므로 재고를 남기지 않는 것이 중요하다. 재고는 곧바로 회사의 손실로 돌아온다. 야나이 회장은 매장 수를 조금씩 늘려가기 시작했다.

1998년 SPA 브랜드를 원하던 그에게 기회가 찾아왔다. 경기 불황을 틈타 출시한 '플리스'란 옷이 큰 인기를 모으며 유니클로 판매가 급증하기 시작한 것이다. 플리스는 화학섬유인 폴리에틸렌을 양털처럼 부드럽게 만든 원단으로 가볍고 얇으면서 보온성이 좋아 등산복 등 보온용 소재에 주로 쓰인다. 야나이 회장은 이 소재로 옷을 만들면 불황에 난방비를 아끼려는 사람들의 구매가 늘어날 것으로

봤다. ‘값싸고 질 좋은’ 제품을 내놓은 것이었는데, 그의 예상은 적
중했다. 플리스는 1998년 200만 장, 1999년 850만 장이 팔려나갔
다. 2000년에는 2,600만 장을 파는 기록을 세웠다. 플리스의 인기에
힘입어 야나이는 매장 수를 늘렸다. 2000년 8월 유니클로 매장은
일본 전국에 433개까지 증가했다.

적당한 가격, 적당한 품질

일본 브라더그룹의 야스이 마사요시(安井正義) 대표는 재봉틀 시장이
급격히 작아지자 팩스 시장으로 눈을 돌렸다. 대당 399달러짜리 팩
스를 생산하겠다고 하자 회사 직원들은 모두 고개를 저었다. 당시
미국에서 판매된 저가형 팩스의 가격은 599~699달러 선이었다. 이
보다 200달러 이상 싼 제품을 내놓는 것은 무리이며 채산성을 맞출
수 없다고 본 것이 고참 직원들의 생각이었다. 마진을 최대한 줄여
가격을 낮춘다고 해도 새로운 회사 제품을 미국 소비자들이 사줄지
의문이었다.

　야스이 사장은 “회사 직원들은 모험을 바라지 않았다”고 당시를
회상했다. 돈이 되지 않는 사업을 축소하는 것은 당연하지만, 직원
들은 새로운 사업이 두려웠던 것이다. 그는 앉아서 망할 수는 없다
고 판단했다. 팩스에 사운을 걸고 직접 신사업팀 총괄 책임자를 맡
았다.

　팀의 모든 직원은 입사 10년차 이하로 구성했다. 머뭇거리는 고
참을 배제했다. 전략 지역인 미국 시장을 뚫기 위해서 젊은 직원들

의 패기와 반짝이는 아이디어가 필요했다. 동시에 재봉산업은 과감히 인력을 줄였다. 재봉 사업 부문 직원 중 절반가량인 1만 명을 감원하거나 다른 부서로 재배치했다.

저가형 팩스 생산을 위해서는 고품질의 부품을 저가로 제공해줄 협력업체가 필요했다. 야스이 사장은 직접 협력업체를 찾아 나섰다. 원가를 한 푼이라도 줄일 수 있는 업체가 있는 곳은 어디든 찾아갔다. 수십년간 끈끈한 관계를 맺어온 협력업체들도 큰 도움이 됐다. 그 결과 팩스에 장착된 종이절단기의 가격을 절반으로 낮췄다. 다른 부품도 일반 제품보다 20~30% 낮췄다.

브라더의 첫 팩스인 '팩스 600'은 미국 시장에서 큰 성공을 거뒀다. 출시 한 달 만에 20만 대가 팔렸다. 제품은 동이 났다. '메이드 인 재팬(made in Japan)'이라는 높은 신뢰도도 도움이 됐다. 야스이 사장은 "미국 소비자들이 처음에는 브라더가 재봉틀이 팔리지 않자 팩스를 만들기 시작했다고 비꼬았지만, 품질을 인정하고 사용하기 시작했다"고 말했다.

브라더는 팩스 600의 성공으로 변신의 돌파구를 찾았다. 재봉틀에서 정보통신기기로 주력 제품을 바꾸는 데 성공한 것이다. 이후 팩스 성공을 발판으로 레이저 프린터, 디지털 복합기 등의 제품을 계속 출시했다. 팩스처럼 일반 상품에 비해 30% 가량 싼 제품을 내놓은 가격 전략을 택했던 것이다. 야스이 사장은 "우리의 타깃은 주로 중소기업이었으며 가격은 싸지만 품질 좋고 서비스는 철저하다는 것을 보여준 게 주효했다"고 말했다. 당시 〈니혼게이자이신문〉은 "야스이 사장이 도요타자동차, 캐논의 경영자들처럼 기업 가치를 높였다"고 평가했다.

야스이 사장은 일본 기업들이 갖고 있던 고질병 두 가지를 극복함으로써 브라더의 부활을 이끌었다는 평가를 받았다. 우선 과도한 품질에 대한 집착이다. 일본 제조업체들은 가격이 높아지더라도 품질 좋은 제품을 생산하는 데 집착했다. 반면 적당한 가격, 적당한 품질의 제품을 원하는 소비자들도 많았다. 이 불일치 때문에 1980년대 세계시장을 휩쓸었던 일본 D램 반도체 업체들은 궤멸했다.

또한 그는 과거의 화려함과 결별하는 데 성공했다. 세계시장을 석권한 재봉기기 사업을 과감히 버린 것이다. 기술력과 한 우물 파는 것을 미덕으로 여기는 일본 기업들의 문화와 다른 점이었다.

08

왜 신뢰가 중요한가?

QUESTION

잃지 말아야 하는 단 한 가지는 무엇인가?

ANSWER

돈, 명예, 권력을 잃어도 신뢰는 잃지 말라는 인생사 교훈처럼, 기업 경영에서도 절대 놓치지 말아야 하는 단 한 가지는 신뢰다. 일하기 좋은 직장의 요건에 대해 직원들 대부분은 높은 급여, 다양한 복리후생제도 같은 조건보다 기업 내 '신뢰'를 우선시한다고 한다. CEO가 '무엇'을 하느냐가 아니라 '어떻게' 하느냐에 따라 신뢰관계가 형성될 수 있다.

투자의 귀재라 불리는 미국 억만장자 워렌 버핏(Warren Buffett)이 미국 대학생들에게 들려준 이야기는 기업 경영에서 신뢰가 중요한 이유를 잘 보여준다.

"자신의 미래 수익의 10%를 투자해야 한다면 투자하고 싶은 사람을 주위에서 골라보십시오. 대부분 가장 잘생긴 사람이나 운동을 잘하는 학생, 키가 큰 학생, 가장 날쌘 학생, 가장 돈이 많은 학생, 나아가 가장 머리가 좋은 학생을 고르진 않습니다. 당신이 고르는 대상은 그들 가운데 가장 인격이 뛰어난 사람일 것입니다. 누가 가장 많은 수익을 올릴지 모든 사람은 본능적으로 알기 때문입니다.

거꾸로 당신이 가장 투자하고 싶지 않은 사람, 다시 말해 가장 수익이 떨어질 것으로 보이는 사람을 골라보십시오. 이번에도 가장 성적이 떨어지거나, 운동시합이 있을 때마다 후보 신세를 벗어나지 못하고 만년 벤치나 지키고 있는 학생이나 나아가 지능이 가장 떨어지는 학생이 아닐 가능성이 큽니다. 당신이 고르는 대상은 잔머리를 굴리고 거짓말을 하고 남의 공로를 가로채는, 신뢰할 수 없고 이기적이고 오만하며 독선적이고 신용이 없는 사람일 것입니다. 이 두 부류 사람들의 차이는 인생에서 성공하느냐 실패하느냐에 있습니다.

거짓말을 하느냐 안하느냐, 자기 마음대로 말을 내뱉느냐 한 번 더 생각을 하느냐, 남을 배려하는 말투인가 남을 무시하는 말투인가, 조금 더 신경 써서 일하느냐 조금 더 게으르게 행동하느냐, 잘못을 저질렀을 때 정직한가 아니면 둘러대며 남 탓을 하는가. 결코 대단한 것이 아니라 이런 작은 것이 엄청난 차이를 만들어냅니다.

제가 성공할 수 있었던 건 버크셔해서웨이의 평판 덕분입니다. 저는 법의 테두리보다 훨씬 더 안쪽의 경계선에서 행동하여 신문의 헤드라인을 장식하길 바랐습니다.

저는 제 회사들의 지사장들에게 2년에 한 번 이와 같은 메시지를 전달합니다. '여러분은 돈을 잃어도 상관없습니다. 많은 돈이어도 괜찮습니다. 하지만 평판을 잃지 마십시오. 인격을 잃지는 마십시오. 우리에겐 돈을 잃은 여유는 충분히 있으나 평판을 잃는 여유는 조금도 없습니다.'"

성공한 기업에 빠지지 않는 하나의 스토리 역시 '신뢰'를 지키기 위한 그들의 희생이었다.

소비자와의 신뢰관계를 쌓는 법

중국의 대표적인 글로벌 가전업체를 뽑으라면 단연 '하이얼'(海爾)이다. 칭다오에 본사를 둔 이 회사는 글로벌 브랜드컨설팅 업체인 인터브랜드가 선정한 '2012년 중국 브랜드 순위'에서 가전업체 중 1위를 차지하기도 했다. 하이얼의 장루이민(張瑞敏) 회장은 한때 침몰

해가던 회사를 살려낸 중국의 경영귀재로 불린다. 일본 〈니시닛폰(西日本) 신문〉은 "미국에 잭 웰치가 있고 일본에 마쓰시타 고노스케가 있다면, 중국에는 장루이민이 있다"고 평가했다.

장 회장의 성공 뒤에는 무결점 제품을 향한 열정이 있었다. 1985년 그는 한 고객으로부터 "하이얼 냉장고의 품질에 문제가 있다"는 내용의 항의 편지를 받았다. 즉시 창고로 가서 제품을 검사했고, 76대의 냉장고에 각종 결함이 있다는 사실을 알게 됐다.

당시 임원들은 불량 냉장고 처리에 대해 두 가지 의견을 제시했다. 하나는 공장에서 실적이 좋은 직원에게 냉장고를 선물하자는 것이었고, 또 다른 하나는 정부 관리들에게 선물하여 관계를 돈독히 하자는 것이었다. 하지만 그는 냉장고 76대를 임직원들이 보는 앞에서 모두 부수도록 지시했다. 직원들은 충격을 받았다. 당시 냉장고 한 대 가격은 800위안 정도로, 한 달에 40위안을 버는 직원들이 2년 동안 한 푼도 쓰지 않고 모았을 때의 비용과 맞먹었기 때문이다.

장 회장은 직원들에게 "결함이 있는 제품은 모두 폐기처분한다"며 품질에 대한 책임을 강조했다. 또한 "앞으로는 제품을 1~3등급으로 나누지 않고 합격과 불합격으로만 구분하여 합격한 제품만 시장에 내놓을 것"이라고 천명했다. 불합격한 제품에 대해선 생산자에게 책임을 묻기로 했다.

기업의 CEO는 자신의 실수만이 아니라 제품에 대한 문제가 있을 때 어떻게 대처하는지를 보면 뛰어난 리더인지 아닌지 알 수 있다. 탐스슈즈(TOMS shoes) CEO 블레이크 마이코스키(Blake Mycoskie)는 제품에 실수가 있으면 바로 인정하고 사과하는 뛰어난 리더의 사례를 보여줬다. 2007년 탐스 신발 바닥에 붙은 천 조각에 작은 문제가 생겼다. 표준 규격보다 약간 더 큰 크기로 재단한 것이다. 당장은 문제가 없지만 바닥이 닳은 뒤엔 미끄러워질 수 있었다. 마이코스키는 거래처를 일일이 방문해서 문제를 솔직히 말하고 6,000켤레의 신발을 모두 회수했다. 항의 전화는 없었다. 소비자와의 장기적 신뢰관계를 쌓으려면 정직해야 한다는 원칙을 지켰다.

또 다른 사례로 GM의 CEO 댄 애커슨(Dan Akerson)를 들 수 있다. GM은 전기차 볼트를 차기 성장 동력으로 키워갔다. 그런데 2011년 미국 고속도로교통안전국(NHTSA)이 실시한 충돌 테스트에서 화재 가능성이 제기됐을 때 댄 애커슨은 좌고우면(左顧右眄)하지 않았다. 볼트를 산 사람이 요구할 경우 차 값 전액을 환불해주겠다고 말했다. 미 교통당국이 리콜 결정을 하지 않았지만 GM이 먼저 나선 것이었다. 〈뉴욕타임스〉는 이에 대해 "이 결정은 애커슨 CEO가 단독으로 내린 것"이라고 전했다. 2012년 1월엔 미 의회 청문회에 애커슨이 직접 볼트를 몰고 출석, 볼트의 안전성을 강조하는 쇼맨십을 보여주기도 했다. 그 모습은 볼트의 품질에 대해 가졌던 소비자들의 의구심을 없애는 데 큰 역할을 했다.

시노하라는 신뢰를 원칙으로 보여준 CEO였다. 당시 생소했던 인재파견회사 템프스텝을 창업하고 어려움을 많이 겪었다. 회사를 세웠으니 직원을 파견할 거래처를 확보해야 했다. 기업의 인사 담당자를 찾아갔지만 안내데스크에선 '담당자가 바쁘다'는 말만 되풀이했다. '파견'이란 개념을 이해하는 기업들이 많지 않았던 탓이다. 일부 기업들은 템프스텝을 유령회사로 여겼다. 한참을 설명해도 "당신 회사는 게이샤(일본식 기생) 소개소 같은 곳이군요"란 대답이 돌아왔다. 시노하라는 신뢰를 쌓는 과정이 필요하다고 생각하며 홀대를 참았다. 기업 인사 담당자가 이해할 때까지 반복해 설명했다. 인력 파견 의뢰가 들어오면 최선을 다해 응대했다.

창업 후 5년, 외국계 기업을 중심으로 템프스텝의 존재가 인식되기 시작했다. 파견 직원을 찾는 기업들의 요청이 많아지면서 직원들도 하나 둘씩 늘었다. 시노하라가 아무리 바빠진다고 해도 잃지 않으려 했던 것은 '신뢰'란 원칙이었다. 한 직원이 파견 의뢰를 거절하는 것 같으면 펜으로 직원의 수화기를 톡톡 쳤다. '거절하지 마세요'란 신호였다. 기업들 사이에선 "템프스텝에 맡기면 까다로운 요구 조건도 어떻게든 맞춰준다"는 평판이 생겨나기 시작했다.

페덱스(FeDex)의 프레드릭 스미스(Frederick W. Smith) 회장은 완벽한 서비스 제공을 위해 다양한 기법을 도입한 것으로 유명하다. 스미스 회장은 4만 달러를 들여 택배 회사 페덱스를 설립했다. 원칙은 정시, 익일 배달이었다. 사업 초기 반응은 좋지 않았다. 첫날 받은 배송 주문은 186건에 불과했다. 하지만 스미스 회장은 경쟁업체와 차별화하기 위해 야간 배송 시스템을 도입했다. 경쟁자들보다 배송 시간을 줄이자 고객들은 페덱스를 찾기 시작했다. '특송은 페덱스'라는 유명한 광고 문구를 개발한 것도 이때다.

스미스 회장은 배송시간을 단축하고 고객이 안심하고 화물을 맡길 수 있도록 완벽한 서비스를 제공하기 위해 다양한 기법을 활용했다. 1980년에는 고객 및 배송정보를 전산화해서 일괄관리하는 시스템을 개발했다. 2000년대 초에는 인터넷으로 화물이 어디 있는지 알 수 있는 추적 시스템도 업계 최초로 도입했다.

스미스 회장이 완벽한 서비스를 고집하는 것은 서비스 품질이 높을수록 비용을 줄일 수 있다는 생각 때문이다. 페덱스에는 1 : 10 : 100의 법칙이 있다. 불량이 발생할 때 이를 바로잡는 비용은 1이지만 이를 무시하면 시장에 나갔을 때 10의 비용이 발생하고 고객의 불만이 제기되면 비용이 늘어난다는 의미다. 스미스 회장은 "고객이 느낄 수 있는 사소한 불편이나 요구사항도 사전에 점검하고 바로잡기 위해서는 100의 비용이 든다는 것이다. 실수를 숨기면 비용이 10배, 100배로 들어가므로 고객의 입장에서 살펴봐야 한다"며 "1에서 잘못을 바로잡을 수 있다면 품질이 나빠질 가능성은 '0'이다"고 강조했다.

협력사와의 신뢰관계가 필요한 이유

야나이 회장은 제조업체들이 유니클로를 믿어야 품질 좋은 제품이 나올 수 있다고 믿었다. 야나이 회장은 협력업체에 발주한 뒤 재고에 대한 책임을 전적으로 유니클로가 떠안겠다고 선언했다. 협력사들은 다른 의류회사보다 유니클로가 주문한 제품을 먼저 생산해주는 것으로 보답했다.

일본 이자카야 체인 라쿠코퍼레이션의 우노 다카시(宇野隆史) 대표는 거래처와의 신뢰관계를 중시하는 모습을 보여줬다. 그는 신규 점포를 낼 때 가게의 입지 조건은 크게 신경 쓰지 않았다. 가게 주인의 아이디어와 서비스를 통한 단골 고객 확보가 훨씬 중요하다고 봤기 때문이다. 주변이 주거지역이어서 영업이 힘들지 않는지, 점포가 두 개로 나뉘어져 주인이 고객의 얼굴을 보기 어려운지 정도만 살폈다. 대신 생선, 야채, 식기 등을 조달하는 지역 이웃들과의 친분을 중시했다. 안정적인 거래처 확보가 가능해야 서로 이익을 볼 수 있다고 생각해서다. 예를 들어 가게에 접시가 20개 필요하면 거래처에 4번에 걸쳐 5개씩 샀다. 여러 번 방문해 얼굴을 익히기 위해서다. 가게가 커지자 더 싸게 공급하겠다는 거래처도 생겨났다. 하지만 우노는 기존 거래처를 계속 유지했다.

뉴질랜드의 키위 브랜드 제스프리도 농민들과 깊은 신뢰관계를 유지하고 있는 것으로 유명하다. 농가들은 판매 가격뿐 아니라 운송비와 마케팅비 등 모든 비용 구조를 들여다볼 수 있다. 제스프리가 얼마의 이익을 내는지도 안다. 농민들이 회사를 신뢰하려면, 그들이 회사를 소유하고 통제할 수 있어야 한다는 레인 재거 CEO의 신념이 농민의 신뢰를 얻는 데 도움이 됐다. 제스프리 이사회의 이사는 농민들이 선임하고 있으며, 현재 이사 8명 가운데 5명은 농민이다.

회사의 생명줄인 직원과의 신뢰

탐스슈즈 CEO 블레이크 마이코스키가 직원들의 신뢰를 얻었던 방법도 자신의 실수를 인정하고 기꺼이 책임지는 것이었다. 2007

년 미국의 최고급 캠핑카 에어스트림 팬들을 공략하겠다는 아이디어를 내고 '에어스트림 탐스' 800켤레를 특별 제작했다. 그러나 결과는 처참했다. 다섯 켤레만 팔렸다. "100% 내 잘못입니다." 그가 선택한 대처 방식은 책임을 끌어안는 것이었다. 영업부가 열심히 뛰지 않았다거나, 제작부에서 신발을 제대로 만들지 않았다는 말은 하지 않았다. 직원들의 애사심은 실수 이후 오히려 공고해졌다.

파견전문업체 템프스텝 창업자인 시노하라 요시코 사장은 회사의 적자를 저녁 때 영어회화교실을 운영하며 메웠다. 자신은 끼니를 굶을 때도 많았지만, 파견 직원의 월급은 절대 밀리지 않았다. 유능한 파견 직원과의 신뢰관계가 회사의 생명줄이라고 생각했기 때문이다. 1998년엔 파견 직원 명단 유출 사건이 일어났다. 시노하라는 '지금까지 쌓아온 신뢰를 잃지 않는 것'이 가장 중요하다고 판단했다. 직원들을 지켜주는 것이 유일한 목표였다. 단골 거래처에 불안감을 느끼지 않게 하는 것이었다.

시노하라는 즉각 영업을 중단하고 정보가 유출된 직원들의 집을 일일이 방문해 사과했다. 사내 직원들에겐 "회사가 문을 닫는 일이 생겨도 1년간 현재 수준과 똑같은 월급을 지급하겠다"고 약속했다. 그동안 위기 상황에 대비해 1년분의 급여를 비축해두었기 때문에 가능한 일이었다. 직원들의 결속력은 더 강해졌다. 사건이 일어났던 해, 두 달간의 영업 정지에도 불구하고 회사의 매출은 전년 대비 6.2% 증가한 713억 엔을 기록했다.

이처럼 진정한 경영자가 되려면 맡은 직무와 역할만 제대로 수행하는 것만이 아니라 직원들에게 'CEO가 직원을 아끼는 좋은 회사에서 일하고 있다'라는 믿음을 줄 수 있어야 한다.

제품을 파는가? 스토리를 파는가?

고객은 어떤 스토리를 좋아하는가?

고객은 제품을 구입할 때 제품 너머에 있는 이미지와 이야기를 함께 고려한다. 돈을 주고 불편한 이야기를 구매하고 싶은 사람은 없다. 사람들이 돈을 지불하고 소유하고자 하는 이야기는 꿈꾸고 있는 미래 모습과 닮아 있다. 그래서 마음 훈훈해지는 이야기, 손에 잡힐 듯한 성공상을 보여주는 이야기, 섹시한 여자 이야기, 친구와의 우정이 담긴 이야기 등을 좋아한다. 소비자는 꿈에 그리는 행복한 이야기에 지갑을 열고 마음을 빼앗긴다.

스토리텔링에 대한 열기가 식을 줄 모르고 뜨겁다. 스토리가 담긴 물건에 대한 고객들의 관심이 뜨겁기 때문이다. 대량생산으로 인해 무차별적으로 똑같은 제품이 공장에서 찍어져 나오기 때문에 제품이나, 구매자 간 차이를 찾기가 어려워졌다. 돈을 주고 살 수 있는 물건은 많지만 '나'를 잃어버리고 사는 획일적인 세상이다. '나'를 표현하고자 하는 욕구는 강하지만 '나'를 표현해주는 제품을 찾기는 힘들다. 그래서 사람들은 교감을 할 수 있는 이야기가 있는 물건을 좋아한다. 물건이 전해주는 감성에 기꺼이 젖어든다.

좋은 이야기는 제품의 본질적인 특성을 잘 설명하면서도 고객이 갖고 싶게 만든다. 탐스슈즈는 신발 없이 살아야 하는 아이들에게 신발을 주고 싶은 마음을 '하나를 사면 하나를 기부'하는 이야기에 담았다. 클래식하고 우아한 제품을 갖춘 랄프 로렌은 아메리칸 드림을 이룬 상류층의 삶을 이야기한다. 속옷 브랜드 빅토리아 시크릿은 세련되고 화려한 가상의 여인을 내세워 속옷이 부끄러운 것이 아님을, 감각적인 패션임을 이야기한다. 일본의 장수 캐릭터 키티는 세상에 우정을 전하는 메신저이며 '친구 사귀기'와 '우정 가꾸기'가 취미다. 제2차 세계대전 때 미군에게 라이터를 공급하며 성장한 지포 라이터는 앞주머니에 있던 라이터에 총알이 박혀 생명을 구한 이야기로 충성도 높은 사랑을 받고 있다.

생명력 있는 이야기로 고객의 넘치는 사랑을 받고 있는 브랜드는 무엇인가.

단순한 스토리가 마음을 움직이다

하나를 팔면 또 하나를 팔고 싶고, 그 하나가 팔리면 10개를 팔고 싶은 게 장사의 원리다. 그런데 여기 '퍼주기 대장'으로 통하는 미국 청년이 있다. 그는 한 켤레를 팔면 한 켤레는 제3세계의 가난한 아이들에게 기부하기로 했다. '일대일 기부'를 통해 글로벌 신발 브랜드로 우뚝 선 탐스슈즈의 설립자 블레이크 마이코스키의 이야기다. 그는 판매 수익을 다시 돌려주겠다는 발상의 전환으로 4년 만에 세계에서 총 100만 켤레의 신발을 파는 등 매년 400%의 성장률을 기록했다.

탐스는 2006년 아르헨티나에서 출발했다. 당시 29세였던 미국인 청년 마이코스키는 이곳에서 신발이 없어 맨발로 다니는 아이들을 만났다. 아이들의 작은 발에 생긴 물집과 상처를 본 그는 도울 방법을 생각했다. 휴가로 찾았던 아르헨티나 체류가 점점 길어지기 시작했다.

자신이 가장 잘하는 걸 떠올렸다. 마이코스키의 특기는 '사업'이었다. 첫 창업은 18세 때 세운 대학가의 세탁물 배달 업체였다. 이후 리얼리티 전문 케이블 업체도 열었고, 운동 강습 프로그램도 진행했다. 네 번째 사업은 온라인 운전 강습 프로그램이었다. 이 사업이 승승장구하게 되자 문득 아이들의 눈망울이 떠올랐다. "신발을 기부할 수 있는 사업을 꾸리자. 매력적인 이야기를 입혀서."

결론은 '일대일 기부'였다. 신발 한 켤레를 팔 때마다 한 켤레를 기부하는 모델이다. 수수료도, 복잡한 절차도 필요 없었다. 누구나 이해하기도 쉬웠다. 이 모델이 사람들에게 매력적으로 보일 수만 있다면 광고비를 줄여 수익을 낼 수도 있지 않을까 생각했다. 전략은 단순했다. 광고를 안 하는 대신 신발을 산 사람들을 모두 이야기 전파자로 만드는 것이었다.

아르헨티나 사람들이 즐겨 신는 전통 신발 '알파르가타(Alpargata)'를 응용해 미국에 내놨다. 회사 이름은 탐스로 지었다. '더 나은 내일을 위한 신발(tomorrow's shoes)'의 준말이었다. 250켤레를 제작해 미국 소매상을 무작정 찾아갔고, 홀대와 관심을 동시에 받았다. 가게들은 하나씩 탐스를 들여놓기 시작했다. 〈LA타임스〉 등 언론은 회사의 스토리를 소개했고, 인지도는 높아졌다.

1만 켤레의 탐스가 팔리자 마이코스키는 1만 켤레의 아이들 신발을 들고 아르헨티나로 떠났다. 창업한 지 9개월 뒤였다. 10일간 학교와 탁아소를 돌며 신발을 나눠줬다. 그가 아이들의 발에 신발을 신겨주는 영상은 유튜브에서 큰 인기를 끌었다. 팬들은 적극적으로 이 영상을 공유하기 시작했다

탐스의 이야기에 살을 붙인 것도 팬들의 몫이었다. 미국 페퍼다인대학교 탐스클럽 학생들은 신발 없이 사는 아이들의 고통을 체험하기 위해 2008년 맨발로 교정을 걷는 행사를 추진했다. 마이코스키는 이를 바로 응용했다. '신발 없는 하루'라는 이름을 붙여 공식적

인 연례행사로 만들었다. 그는 "사람들이 예쁜 신발을 샀다는 것보다 후원하고 있다는 이야기를 전하고 싶어 한다"며 "그들은 구매자이기보다 후원자"라고 말했다.

그의 전략은 적중했다. 마이코스키는 2006년 11월 미국 뉴욕의 JFK공항에서 비행기 탑승을 기다리다가 빨간 탐스 운동화를 신은 여자를 만난 적이 있었다. 여자에게 "신발이 참 예쁘다"고 말을 건네자 여자는 "탐스 거에요! 아마 모르실 텐데 제가 이 신발 한 켤레를 살 때마다 아르헨티나의 가난한 어린이에게도 한 켤레가 갑니다. 멋지죠?"라고 말했다. 마이코스키는 당시를 회상하며 "성공을 처음 확신한 순간"이었다고 말한다. '사람'이 탐스의 최고 자산이자 한 번 이 신발을 신은 사람은 가족과 친구들, 페이스북과 유튜브 영상 등에 이와 같은 말을 전했을 거라고 생각했다.

마이코스키는 "아무리 좋은 아이디어라도 사람들이 믿지 않으면 소용없다"고 생각했다. 두 번째 기부 여행부터 팬들을 초대하기 시작했다. "여행을 다녀온 사람이 인터넷에 동영상을 올리면 여행을 못 간 사람도 그걸 보고 탐스가 약속을 지켰다는 사실을 알게 된다"는 생각에서였다. 지금까지 기부 여행을 다녀온 사람은 200명이 넘는다.

자선활동가들이 탐스의 기부 방식에 문제를 제기한 적도 있었다. "가난한 나라에 좋은 신발이 공짜로 들어오면 현지 기업의 경쟁력이 떨어진다"는 비판이었다. 마이코스키는 반박하지 않았다. 오히려 "적극적으로 수용하겠다"고 했다. "창업할 때 단순히 기부하겠다는 생각만 가득해 부작용을 생각하지 못했다"고 인정했다. 이후 탐스는 지역 경제에 미치는 영향을 고려해 현지 비영리단체와의 협업을 늘렸다. 일자리 창출을 위해 아르헨티나에 기부용 신발 공장도 세웠다.

마이코스키는 배에서 산다. 탐스 본사가 있는 LA의 마리나 델 레이 항구에 정박한 6평짜리 요트가 집이다. 5년 전 뭍에 있는 집과 가구, 미술작품 등을 처분하고 배로 들어갔다.

"소유하는 게 많으면 생각을 잡아먹는다. 물건을 관리하고, 청소하고, 도둑맞을까 염려해서 보험도 들어야 한다. 생활을 단순하게 만들수록 생각할 시간이 많아지고 집중할 수 있다."

여러 나라로 기부 여행을 다니면서 얻은 깨달음이었다.

'단순함의 미학'은 탐스의 디자인에서도 찾을 수 있다. 탐스 신발은 발을 감싸는 캔버스 천에 밑창만 붙어 있는 모양이다. 신고 벗기 편하고, 빨리 마른다. '나만의 탐스'를 만드는 팬들이 많은 것도 이 단순한 디자인 덕이다. 누구나 쉽게 신발 위에 무늬를 그리거나 소재를 덧붙일 수 있다.

마이코스키는 명함에서 직함도 뺐다. 이름 앞에 CEO란 글자 대신 '신발 퍼주기 대장(chief shoe giver)'이라는 명칭을 넣었다. "쉽고 재미있다"는 이유에서다. 그는 "단순함은 탐스의 미덕"이라며 "탐스가 가진 스토리도 단순했기에 통할 수 있었다"고 말했다.

폴로식 아메리칸 드림

미국 뉴욕 맨해튼 최고급 쇼핑가인 매디슨애비뉴 72가. 고풍스러운

한 건물이 눈길을 끈다. 문을 열고 들어서면 전형적인 미국 상류층 가정의 모습이 펼쳐진다. 화려한 소파와 우아한 촛불장식, 벽면을 가득 메운 고상한 그림들, 옷걸이에 나란히 걸려 있는 클래식한 슈트들….

그러나 자세히 보면 모든 제품에 라벨이 붙어 있다. 이곳은 집이 아니다. 미국을 대표하는 글로벌 패션 브랜드 폴로 매장 가운데 최고로 꼽히는 뉴욕 본점이다. 폴로 CEO인 랄프 로렌의 꿈이 고스란히 담긴 '폴로 테마파크'인 셈이다.

로렌은 1986년 이 건물을 사들여 외부 디자인부터 내부 인테리어까지 온통 폴로 제품으로 꾸몄다. 소비자들이 매장 문을 열고 들어가는 즉시 '폴로식 라이프 스타일'을 꿈꾸도록 설계한 것이다. 폴로식 라이프 스타일이란 '아메리칸 드림'을 이룬 미국 상류층의 삶을 말한다. 아메리칸 드림을 꾸는 사람들의 환상을 자극하는 것이다. 전략은 통했다. 이 매장은 개장 첫 주 100만 달러 이상의 매출을 올렸다. 폴로 뉴욕 본점은 로렌의 경영철학을 잘 보여준다. "나는 옷을 디자인하지 않습니다. 꿈을 디자인합니다."

광고 담당자가 물었다. "이 옷은 품질에 초점을 맞춰 개발했습니다. 품질을 강조하는 방향으로 광고하면 어떨까요?"

"아니, 옷에 대해서는 전혀 설명하지 마세요. 영화의 한 장면을 보는 것처럼 전체적인 분위기를 강조하세요. 폴로식 라이프스타일을 보여주란 말이에요."

로렌은 광고와 마케팅에서도 소비자들의 꿈을 자극하는 전략을 활용했다. 그가 '디자인을 파는 디자이너가 아니라 라이프스타일을 파는 디자이너'로 불리는 이유다. 광고모델은 유명한 스타가 아닌 일반인을 썼다. 누구나 꿈을 이룰 수 있다는 점을 강조하기 위해서다. 이 전략은 미국뿐 아니라 전 세계 소비자들에게 통했다. 현재 폴로는 세계에서 100개가 넘는 라이선스를 통해 막대한 수익을 올리고 있다. 패션업계에서는 그를 '마케팅의 천재'라고 평가한다.

빅토리아가 입는 속옷

리미티드 브랜즈가 미국에서 승승장구하던 1982년. 우연히 길을 걷던 웩스너의 눈을 사로잡은 가게가 있었다. 여성 속옷을 남성들에게 팔고 있는 빅토리아 시크릿 매장이었다. 그는 이 속옷 가게가 너무 남성 중심적이고 퇴폐적이라고 생각했다. 순간 생각이 스쳤다. '여성들에게도 자신의 시각으로 성적 매력을 발산할 기회가 있어야 하지 않을까. 섹시함은 미래에 확실한 패션 트렌드가 될 것이다.'

오래 고민하지 않았다. 창업주 레이먼드에게 100만 달러를 주고 빅토리아 시크릿을 인수했다. 여자들이 부담 없이 찾아올 수 있게 매장 인테리어를 편안하게 바꿨다. 기능적인 의미의 속옷이 아닌, 감성적 만족감을 주는 고품질의 세련된 속옷을 만들어 팔았다. 일상적인 날에 입는 것이 아니라 주말이나 특별한 날에 입으라는 의미로 1주일 중 이틀을 뜻하는 '2/7'을 브랜드 콘셉트로 정했다. 가상의 여인 빅토리아라는 캐릭터를 내세워 확실한 브랜드 스토리도 만들었다. 빅토리아는 영국계와 프랑스계 혼혈이면서 세련되고 화려한 여성 모델이었다.

웩스너는 1990년대 '속옷＝패션'이라는 공식을 최초로 만들었다. 속옷을 안 보이는 곳에 감추는 것이 아닌, 당당하게 드러내도 좋을 패션으로 발상을 전환한 것. 제품의 모델로 최정상급 슈퍼모델만 기용했다. 란제리 신상품 발표회도 밀라노나 파리 컬렉션처럼 빅토리아 시크릿 컬렉션이라는 정기적인 패션쇼로 정착시켰다. 1999년부터는 미국 전역과 유럽에서 CBS 채널을 통해 TV로 생중계했다. 결과는 대성공. 한 편의 잘 만든 카니발 축제를 보는 듯한 영상으로 '빅토리아 시크릿＝패션＝섹시'라는 등식을 성립시켰다.

우정의 상징 '키티'

달덩이 같은 흰 얼굴에 수염은 여섯 가닥. 눈은 새까맣고 입은 없다. 한쪽 귀엔 빨간 리본을 달았다. 세계에서 가장 유명한 고양이 캐릭터 '헬로키티'의 인상착의다. 깜찍한 외모만 보고 우습게 여긴다면 실수하는 것. 키티는 세계 70여 개국에서 연간 1조 2,000억 엔을 벌어들이는 갑부다. 황금알을 낳는 '고양이'인 셈이다.

1974년생인 키티는 2014년 40세가 됐다. 캐릭터 평균 수명(7년)을 감안하면 '할머니' 급이다. 이 작은 고양이는 어떻게 오랫동안 세계적인 캐릭터로 살아남을 수 있었을까.

'키티의 아버지' 쓰지 신타로 회장이 애지중지 키워낸 덕이다. 쓰지가 키티를 키우며 세웠던 원칙은 딱 한 가지. 고객들이 캐릭터를 딸처럼, 아들처럼 여기게 만들겠다는 것이었다. 이 원칙은 불황에도 헬로키티가 살아남을 수 있었던 비결이 됐다. 경제가 어려워져도 키티 팬들은 가족처럼 여겨온 헬로키티를 버리지 못했기 때문이다.

처음부터 쓰지와 헬로키티가 승승장구했던 건 아니었다. 첫 고비는 키티의 인기가 떨어지기 시작한 1977년에 찾아왔다. 사람들은 키티를 보고 "항상 똑같다" "질린다"고 했다. 산리오 내부에서도 "키티의 수명이 다했다"는 진단이 나왔다.

하지만 그는 키티를 포기하지 않았다. 키티는 회사를 키워준 '딸' 같은 존재였기 때문이다. 대신 직원들을 모아놓고 특별 연설을 했다. "좋은 시절이 있으면 나쁜 시절도 있는 법. 키티는 우정의 상징이다. 절대 죽게 내버려둘 수 없다."

젊은 디자이너들을 상대로 공모전을 열었다. 주제는 '지금까지와는 다른 키티를 그려라.' 새로운 키티가 나오기 시작했다. 항상 앉아 있던 모습의 키티는 일어나 피아노를 치고, 춤도 추고, 학교에도 갔다. 사람들은 키티의 여러 모습에 환호했다. 한 해가 다르게 쑥쑥 자라는 아이의 성장앨범을 보는 것 같았다는 것이다.

캐릭터 관련 광고는 그만뒀다. 대신 팬들과 함께 '키티 문화'를 꾸려갔다. 광고로 얻는 순식간의 인기보다는 팬들에게서 받는 오랜 관심과 애정이 더 중요하다고 판단했기 때문이었다. 산리오 잡지를 창간해 캐릭터 정보를 직접 제공했다. 디자이너가 키티를 그려주는 사인회는 3만 번 넘게 열었다. 최근엔 키티 관련 문제를 출제해 1등을 뽑는 '키티 경시대회'도 개최했다.

이 같은 노력 덕에 키티는 마니아들이 많기로 유명한 캐릭터가 됐다. 키티 팬들은 일본에서 '키티라(キティラ)' 한국에선 '키티맘'으로 불린다. 가수 크리스티나 아길레라, 배우 카메론 디아즈 등도 유

명한 키티라다. 이들은 주위 물건을 몽땅 키티 제품으로 바꿔야 만족한다. "산리오 주가는 절대 떨어지지 않는다"는 말도 이들 덕에 나왔다. 키티라들은 키티에 대한 애정으로 사들인 주식을 웬만해선 팔지 않기 때문이다.

쓰지가 처음 회사를 세운 건 33세이던 1960년. 11년간의 공무원 생활을 접은 뒤였다. 단조로운 일상에 지쳤던 쓰지는 100만 엔을 빌려 생활용품 제조업체인 야마나시크 센터를 열었다. 가장 신경 썼던 건 제품의 독특한 디자인이었다. 샌들에 꽃무늬를, 접시엔 만화를 넣었다. 캐릭터의 힘을 일찌감치 꿰뚫어본 것이다. 쓰지는 "품질보다 디자인, 일반 디자인보다 캐릭터가 부가가치가 높다"라고 직원들에게 강조하곤 했다

1966년 미국 장난감업체 마텔(Mattel Inc.)과 제휴를 맺고 바비인형을 들여온 것은 이런 확신 때문이었다. 1970년엔 스누피 라이선스도 따냈다. 문제는 캐릭터 사용료가 오르면서 생겼다. 남의 캐릭터를 갖다 쓰는 것의 한계였다. "나만의 캐릭터를 만들자!"라고 결심한 그는 미대 졸업생들을 채용, 디자인 인력을 꾸렸다. 목표는 문구용품에 들어갈 동물 캐릭터였다.

강아지는 스누피, 곰은 푸가 선점하고 있었다. 남은 것은 고양이뿐이었다. 여기에 아이들이 좋아하는 빨간색 옷을 입히기로 했다. 무표정한 느낌을 위해 동그란 눈을 그리고 입은 생략했다. 사람들이 감정을 투영하기 위해선 캐릭터엔 표정이 없어야 한다고 생각해서다. 기분 좋을 때 키티를 보면 함께 웃는 것처럼, 기분 나쁠 때는 화를 내는 것처럼 보여야 한다는 것이다.

스토리를 입히는 대신 이미지로 승부를 건 것도 같은 이유에서였다. 미키마우스는 애니메이션, 아기곰 푸는 동화, 스누피는 만화책의 주인공이다. 스토리가 캐릭터를 설명한다. 그러나 키티는 성격을 알아내기가 쉽지 않다. 고객들이 자신의 키티에 각자의 스토리와 성격을 부여할 수 있도록 배려한 것이다.

키티의 탄생 이후 회사를 캐릭터 전문기업으로 변신시켰다. 일본의 선물 문화를 바탕으로 사업을 꾸리겠다는 오랜 꿈을 실현하기 위해서였다. 그는 캐릭터 개발이 선물 사업을 이끌 수 있을 것이라고 봤다. 평범한 생활용품에 예쁜 캐릭터 하나만 들어가도 누군가를 감동시킬 선물이 될 수 있다는 판단에서다. 키티의 취미는 '친구 사귀기'와 '우정 가꾸기'로 정했다. 캐릭터는 세상에 우정을 전하는 메신저라는 캐릭터 철학을 반영한 것이다.

회사 이름도 산리오로 바꿨다. 성스럽다는 뜻의 스페인어 '산(san)'과 강을 뜻하는 '리오(rio)'를 합쳤다. 문명이 강을 중심으로 시작됐다는 사실에 주목했다. 산리오를 중심으로 사람들이 서로 모여 소통하는 공동체를 만들겠다는 뜻이었다. 이후 산리오가 개발한 캐릭터만 마이멜로디, 리틀트윈스타 등 450여 개에 달한다. 쓰지가 '캐릭터 거물'로 불리게 된 이유다.

하지만 거물이 된 뒤에도 별명은 여전히 '미스터 큐트'다. 항상 자식 같은 산리오 캐릭터의 인형을 질질 끌거나 짐짝처럼 옮겨선 안 된다고 강조하기 때문이다. 산리오코리아 지사장 히라바야시 미키나오는 쓰지 회장을 '키티를 실질적으로 키워낸 캐릭터계의 대부'라고 평했다.

〈니혼게이자이신문〉은 "쓰지 회장은 우리 모두에게 내재해 있는 순수함에 대한 욕구를 정확히 포착해 40년 가까운 세월 동안 견고하게 지켜낸 사람"이라고 평가했다.

생명을 구해준 지포 라이터

그레고리 부스는 지포를 이끌면서 브랜드 이미지 구축에 중점을 뒀다. 지포가 주는 이미지 자체를 좋아하는 '팬'을 확보하기 위해서다. "지포는 가문과 국가의 이름을 내걸고 제품을 만든다. 사람들이 지포 제품을 선택하면서 단순한 라이터가 아닌 '제대로 된 제품'을 사고 있다는 인식을 갖도록 하는 것에 중점을 둔 마케팅 전략"이라는 게 부스의 설명이다.

지포는 제2차 세계대전과 베트남전쟁 때 미군 병사들에게 라이터를 공급했는데, 내구성이 좋다는 평가를 받으면서 급성장했다. 한 미군 병사가 교전 중 가슴에 총을 맞았지만 앞주머니에 있던 라이터가 총알을 막아줘 목숨을 구했다는 일화는 유명하다. 부스는 "지포는 제품마다 '평생품질보증서'를 발급해 고객들이 언제든 무료로 수리를 받을 수 있도록 한다. 하지만 5억 개에 육박하는 라이터 중 수리를 받은 제품은 800만 개에 불과하다"고 강조했다. 수리를 받을 확률이 1.6%에 불과한 것이 지포의 자부심이란 설명이다.

부스는 이런 스토리와 제품 경쟁력을 브랜드 이미지에 담기 위해 노력하고 있다. 지포 라이터는 세계 160개국에서 판매되고 있지만 브랜드 전략의 핵심은 '미국의 아이콘'이다. "광고 전략은 '믿을 수 있고 튼튼한 미국 제품'을 판매한다는 것이다. 지역별로 조금씩 다르게 마케팅을 하지만 모든 시장에서 동일한 이미지로 소비자들에게 각인시키는 것을 목표로 한다"고 부스는 설명했다.

음악 마케팅도 그가 즐겨 쓰는 전략이다. 브랜드 이미지를 강화하는 데 음악만큼 좋은 방법이 없다는 판단에서다. '강한' '미국적인' 이미지를 강조하기 위해 '록' 콘서트를 많이 연다. 부스가 2007년부터 기획한 '지포 앙코르' 록 콘서트는 20~30대 젊은 층의 브랜드 충성도를 끌어올리는 데 기여하고 있다. 한국에서도 아마추어 록 밴드를 지원하고 있다.

무엇이 팬을 열광하게 만드는가?

어떤 브랜드에 고객은 열광하는가?

팬은 소통하고 싶어 한다. 팬은 좋아하는 대상의 관심, 말, 행동을 먹고 자란다. 팬은 같은 것에 열광하는 친구를 필요로 하기 때문에, 혼자 좋아하기보다 무리 짓기를 좋아한다. 그래서 광적인 팬이 많은 브랜드는 팬클럽 커뮤니티 형성이 활성화되어 있다. 또한 최근에는 팬과 브랜드 간의 소통이 직접적이고 즉각적으로 이루어지는 SNS를 기반으로 팬클럽 문화가 발전하고 있다.

사랑은 결국 표현하고 싶은 감정이다. 그래서 세계 모든 음악, 문학, 그림 등 예술의 주요 주제는 사랑이었다. 좋아하는 대상에 대한 동경과 관심은 어떤 형태로든 표출이 된다. 좋아하는 감정을 공유하는 대상끼리 모여 그 관심에 함께 기뻐하고 즐거워하며 슬퍼하고 화내는 것이 팬클럽 문화다. 따라서 브랜드에 열광하는 팬클럽을 확장하기 위해서는 팬들이 만나 교류하고 공감할 수 있는 단단한 온오프라인 공간이 필요하다. 팬들의 뜨거운 사랑을 먹고 승승장구하는 기업들은 모두 브랜드가 만들어진 초창기부터 팬들과 소통할 수 있는 직접적인 창구를 만드는 데 관심을 기울였다. 충성도 높은 브랜드 팬클럽을 살펴보도록 하자.

골수팬만 모이는 리틀몬스터스닷컴

세계에서 가장 '핫'한 아티스트 한 명을 꼽으라면 업계에서는 주저하지 않고 레이디 가가를 선택한다. 그녀가 벌어들이는 돈이 모든 걸 말해준다. 〈포브스〉에 따르면 가가가 2011년 올린 매출은 9,000만 달러. 2위권 가수들이 벌어들인 매출의 두 배를 훌쩍 넘는다.

가가의 행보는 파격을 넘어 충격이다. 망사나 비닐 의상은 물론

생고기를 몸에 붙이거나, 가짜 피를 뿌리며 '자살 퍼포먼스'를 하기도 한다. 그런 그녀의 옆에는 항상 정장을 단정히 차려입은 한 흑인 남성이 있다. 가가의 매니저이자 소속사인 아톰팩토리 대표 트로이 카터다. 카터는 5년 전 155㎝ 단신의 평범한 외모인 가가를 발굴해 냈다. 공중파 방송국들이 가가를 무시하자, SNS를 활용해 슈퍼스타로 키워냈다. 또한 기존의 SNS에서 마케팅의 한계를 느끼자 열성팬 중심의 폐쇄적 SNS를 새로 개발했다. 필라델피아 슬럼가에서 고등학교만 간신히 졸업한 흑인 청년은 이제 음악업계는 물론 '실리콘밸리의 떠오르는 거물'로 평가받는다.

2008년 레이디 가가를 만든 카터는 가가의 음악을 듣는 순간 본능적으로 자신이 슈퍼스타를 찾았음을 깨달았다. 카터는 가가를 홍보하기 위해 공중파 방송국을 돌아다녔다. 하지만 방송국 PD들은 "클럽에서나 어울릴 음악"이라며 가가를 무시했다. 그럼에도 카터는 가가에게 음악을 바꾸라고 하지 않았다. 그와 가가는 '95 : 5'의 불문율을 철저히 지켰다. 음악에 있어선 가가가 95%의 결정을 하고, 사업에 있어선 카터가 95%의 결정을 하는 것이다. 그만큼 가가와 카터는 서로를 존중했다.

때마침 페이스북, 트위터 등 SNS가 서서히 부상하고 있었다. 카터는 SNS가 음악 마케팅을 혁신적으로 바꿀 것임을 직감했다. 그는 가가에게 체계적으로 SNS를 활용하도록 지시했다. 가가는 다른 연예인들과 달리 친구처럼 솔직한 메시지를 SNS에 올렸다. 욕설을 섞었고, 성(性)적인 발언도 서슴지 않았다. 동영상 서비스인 유튜브에도 적극적으로 뮤직비디오를 올렸다.

가가는 전 세계에서 SNS를 적극적인 마케팅 도구로 활용한 최초의 가수 중 한 명이다. 가가의 파격적 행위예술과 솔직한 발언은 전 세계 팬들의 마음을 사로잡았다. 지금 가가의 트위터 팔로어는 약 3,100만 명으로 세계에서 가장 많다.

가가가 크게 성공하면서 카터의 존재도 업계에 확실히 알려졌다. 아톰팩토리는 현재 소울 음악의 거장인 존 레전드, 인도 발리우드 출신의 인기가수 프리앙카 쇼프라 등 슈퍼스타들의 매니징을 담당하고 있다.

어느 날 가가와 카터는 페이스북 창업자인 마크 주커버그(Mark Zuckerberg)의 일대기를 다룬 영화 〈소셜 네트워크〉를 함께 봤다. 영화를 보던 가가는 카터에게 "페이스북 말고 팬들과 좀 더 친근하게 소통할 수 있는 SNS는 없을까"라고 물었다. 세 번째 기회였다.

페이스북, 트위터 등 기존 SNS를 통한 마케팅은 한계가 있었다. 팬들이 어느 지역에서 접속했는지는 알 수 있었지만 그 팬이 얼마나 가가를 좋아하는지, 가가를 위해 얼마만큼의 돈을 쓸 의향이 있는지는 알 수 없었다. 카터는 구글의 디자이너인 조이 프리미아니 등 실리콘밸리의 친구들과 함께 2011년 폐쇄적 SNS 제작업체인 '백플레인(back plane)'을 창업했다. 그리고 가가의 팬 전용 SNS인 '리틀몬스터스닷컴(littlemonsters.com)'을 만들었다. 리틀몬스터스닷컴은 기존 가입자의 추천이 있어야 가입할 수 있다. 가가의 골수팬만 회원이 될 수 있는 것이다.

카터는 "페이스북은 옛 친구를 만날 때 더 유용한 형식"이라며 "우리는 수많은 SNS 회원 중 '돈이 되는' 사람이 누군지 골라내는 방법을 찾았다”고 말했다. 예를 들어 이전엔 미국 유명 가수들은 아프리카에서 콘서트를 열지 않았다. 막연히 돈이 안 된다고 생각했기 때문이다. 하지만 카터는 리틀몬스터스닷컴을 통해 아프리카에도 콘서트 표를 살 의향이 있는 골수 팬이 많다는 걸 알아냈다. 가가는 최근 자신의 세계투어인 ‘본 투 디스 웨이(Born to this way)’에 아프리카 국가들을 포함시켰다.

백플레인은 SNS의 개념을 완전히 바꿨다는 호평을 받았다. 에릭 슈미트(Eric Schmidt) 구글 회장, 숀 파커(Sean Parker) 페이스북 공동창업자 등 실리콘밸리의 거물들이 백플레인에 투자했다. SNS를 어떻게 활용할지 몰라 허둥대던 기업들은 백플레인에 마케팅을 의뢰하고 있다. 백플레인은 최근 한국의 CJ와 협업으로 미국에 K팝을 알리기 위한 ‘케이팝커뮤니티’라는 SNS도 만들었다.

카터의 도전은 멈출 줄 모른다. 백플레인과 함께 ‘AF스퀘어’라는 벤처캐피털도 창업했다. 실리콘밸리의 음악 벤처기업에 돈을 투자하고 있다. 그는 최근 〈파이낸셜타임스〉와의 인터뷰에서 “정확한 실적은 밝힐 수 없지만 AF스퀘어는 매년 60~70%씩 성장하고 있다”고 말했다. 카터는 게임업체 징가와 협력해 ‘가가빌’이라는 게임도 만들었다. 미션을 완수하면 가가의 노래를 다운로드받을 수 있는 게임이다. 최근엔 ‘팝워터’라는 브랜드로 음료 사업에도 뛰어들었다. 〈뉴욕타임스〉는 “카터는 팬들과 소통하고 SNS의 정보를 활용하는 새로운 기준을 세웠다”며 “SNS 업계의 떠오르는 거물”이라고 평가했다.

지포 컬렉터스 클럽

라이터 브랜드 지포의 CEO 그레고리 부스는 단일된 하나의 브랜드 이미지를 고집하지만, 제품은 다양하다. "라이터는 다 비슷한 제품 같지만, 각자의 취향에 맞아야 한다"는 게 그의 지론이다. 그래서 국가별 특성에 맞는 제품을 대거 출시했다. 국내에 출시된 라이터만도 태극기가 새겨진 제품 등 2,000여 종에 이른다. 지포는 연예인, 영화, 스포츠 등 폭넓은 소재를 활용해 다양한 이색 한정판을 판매하는 것으로도 알려져 있다. 부스는 "다양한 디자인을 통해 지포라이터를 하나의 패션 액세서리로 인식하게 했다"며 "이 때문에 굳이 수집가가 아니더라도 지포 라이터를 몇 개씩 갖고 있는 사람이 많다"고 설명했다.

부스의 현지화 전략은 세계시장에서 빛을 발하고 있다. 그가 취임한 이후 미국 외 지역 매출이 점점 늘고 있다. 취임 초기 해외 비중은 20% 남짓이었지만 2011년에는 60%까지 늘었다. 특히 아시아를 비롯한 신흥시장에서 급성장하고 있다. 아시아 시장에서만 매출이 2011년에 29% 늘었다. 한국은 20%, 인도는 59%나 증가했다. 중국에서는 진출 초기엔 '짝퉁' 때문에 고전했지만 최근엔 매년 30%씩 판매량이 늘고 있다.

SNS를 통한 마케팅도 신경을 많이 쓴다. 20~30대의 마음을 사로잡아야 지속적으로 성장할 수 있다는 생각 때문이다. 부스는 "지포의 페이스북 친구는 25만 명이고, 스마트폰용 애플리케이션을 다운로드받은 고객은 2,000만 명 정도 된다"고 설명했다. 또 온라인 지포 수집가 모임인 '지포 컬렉터스 클럽' 회원만도 전 세계 11개국에서 400만 명에 이른다. 젊은 고객들을 대상으로 한 다양한 마케팅이 성과를 내고 있는 셈이다.

슈퍼잼 파티

잼을 만들어 직접 동네 배달을 하던 사업 초창기, 슈퍼잼 대표 도허티는 병의 뒷면에 자신의 휴대폰 번호를 적어 놓았다. 슈퍼잼을 먹어본 사람들의 의견을 직접 듣기 위해서였다. 한번은 병에서 상표를 떼는 것이 어렵다는 고객의 전화를 받았다. 병을 재활용할 때 상표가 성가시다는 것이었다. 이후 도허티는 상표를 떼기 쉬운 재질로 바꿨다.

슈퍼잼 온라인 커뮤니티도 소통 경로로 이용했다. 현재 커뮤니티 회원 수는 1만여 명. 커뮤티니 공간 중에는 '슈퍼잼 입점 제안하기' 코너도 있다. 동네 소매점에서 슈퍼잼을 사고 싶은 팬들이 입점 제안서를 써내는 것이다. 제안서를 받은 도허티는 해당 소매점에 이를 엽서로 보내고 입점이 성사되면 제안 고객에겐 잼을 한 병 선물한다. 단순한 아이디어지만 효과는 쏠쏠했다. 수천 명이 주변 소매점 입점을 제안했다.

도허티는 2007년부터 '슈퍼잼 파티'도 열고 있다. 동네 노인들을 초대해 빵과 함께 슈퍼잼을 제공하는 파티다. 예전에 할머니가 잼을 만들면 꼭 동네 사람들을 초대했던 것에서 착안했다. 영국 각지에서 연 평균 100여 차례 열리는 슈퍼잼 파티엔 1년에 500여 명이 참석한다. 도허티가 나서지 않아도 알아서 슈퍼잼 파티를 여는 팬들도 생겼다. 팬들이 커뮤니티에서 의견을 모아 장소를 선정하고 지역 노인을 초청하는 것이다. 파티 이후에는 인터넷에 동영상을 올려 공유한다.

도허티가 직원을 채용하는 기준도 슈퍼잼 팬인지 여부에 달려 있다. 커뮤니티에 글을 남기고 매장을 제안하며 동네 슈퍼잼 파티 때 자원봉사를 한 이들이 높은 점수를 받는다. "슈퍼잼의 가치를 아는 사람이 제품을 가장 잘 판매할 수 있는 적임자"라는 판단에서다.

도허티식 직원 관리는? '각자 알아서 하기'다. 업무를 정해주지도, 근무 시간이나 근무 방식을 알려주지도 않는다. 슈퍼잼에 대한 애정만 있다면 스스로 찾아서 할 수 있다고 믿기 때문이다. 대신 회사 인트라넷에는 모든 직원이 볼 수 있는 달력이 있다. 직원들은 달력에 메모된 업무들 중 자유롭게 선택하고 경과 보고를 남길 수 있다. 도허티는 "상명하달에 익숙한 사람들에겐 산만해보일 수 있겠지만, 이게 우리 세대가 일하고자 하는 방식"이라고 말한다.

고객이라는 프리즘

터키 패션 브랜드 트레디올을 이끌고 있는 데메트 무틀루는 만 31세밖에 안된 여성 CEO다. 〈포천〉은 트렌디올을 "고객과의 소통이 비즈니스 모델"이라고 평했다. 제품 아이디어부터 판매까지 전 비즈니스 과정을 일관되게 고객이라는 프리즘을 통해 바라본다는 것이다.

매달 트렌디올 홈페이지와 페이스북을 통해 밀라 디자이너들의 디자인이 공개된다. 고객들은 각 상품에 투표를 하고, 여기서 1등을 차지한 디자인이 제품으로 나온다. 무틀루는 "고객들이 직접 고른 디자인이기 때문에 실패할 위험이 적다"고 설명했다. 고객과의 적극적인 소통은 제품을 생산하기 전 아이디어 수립 단계에서부터 리스크를 줄여줬다. 현재 트렌디올 홈페이지 방문자 수는 매달 1,200만 명, 페이스북 가입자 수는 50만 명이다.

미국이나 유럽 등에서 생활한 덕에 SNS를 적극 활용한 것도 큰 도움이 됐다. 그는 "트렌디올 페이스북을 방문하면 따로 홈페이지에 들어갈 필요 없이 페이스북 내에서 모든 쇼핑이 가능하도록 환경을 조성했다"고 설명한다. 트렌디올은 밀라뿐 아니라 해외 유명 브랜드 제품도 팔고 있다. 옷, 핸드백, 구두, 액세서리 등 3만여 개 패션 아이템을 판매 중이다. 〈포천〉은 2011년 9월과 10월 무틀루를 '주목할 만한 10명의 차세대 여성 CEO' '가장 성공한 10명의 여성 창업자'에 잇달아 선정했다.

소비자는 무엇을 원하는가?

비용을 들이지 않고 마음을 사로잡을 수 있는
마케팅은 어떤 것인가?

브랜드 포지셔닝은 고객 마음에 심고자 하는 명확한 이미지다. 마케팅은 고객에게 목표한 이미지를 심기 위해 행하는 모든 방법이다. 그렇기 때문에 최선의 브랜드 전략이란 존재하지 않으며, 기업과 브랜드에 맞는 적합한 방식만이 존재한다. 눈에서 멀어지면 마음에서도 멀어진다고 했다. 타깃 고객에게 더 자주 노출되고 더 많이 교감할 수 있는 방법을 찾아야 한다. 돈을 많이 쓰는 것보다 중요한 일은 타깃 고객에 대해 잘 아는 것이다. 지피지기면 백전백승이라고 했다.

차고 넘치는 광고 때문에 비용 대비 효과에 대해 부정적인 견해가 많다. 자라 브랜드를 소유한 인디텍스그룹의 아만시오 오르테가 회장 역시 패션업체 CEO답지 않게 광고는 옷값을 부풀릴 뿐이라며 광고에 부정적이다. 인디텍스의 총 비용 가운데 마케팅 비용이 차지하는 비중은 0.4%에 불과하다. 패션 잡지회사에 옷 샘플을 보내주는 일도 없고, 제품 광고를 찍는 일도 없다. 인디텍스가 새 점포를 내거나 신제품을 출시할 때 신경 쓰는 것은 새 점포의 입지 조건과 제품 전시 형태뿐이다. 최신 유행을 선도하는 거리에 입지하여 다른 광고 없이 매장만으로도 고객을 절로 발걸음하게 만든다.

아줌마는 입소문에 민감하고 젊은 여자는 연예인의 일거수일투족에 예민하다. 내 이름을 기억해주는 것에 약한 사람이 있고, 즐거움에 반응하는 사람이 있다. 일방향적인 광고보다 중요한 것은 고객의 마음에 은근히 다가가는 수만 가지 방법을 연구하는 일이다.

스타 마케팅

룰루레몬은 매장에서 여는 요가 행사 정도를 빼고는 별다른 홍보 활동을 하지 않는다. TV나 신문은 물론 온라인 광고도 없다.

룰루레몬을 대중적으로 유명하게 만든 건 할리우드 스타들이다. 항상 파파라치가 대기하고 있는 걸 아는 스타들은 집 앞을 나갈 때도 옷을 대충 입지 않는다. 그렇다고 과하게 꾸미고 나갔다가는 오히려 역풍을 맞을 수도 있다. 많은 스타들은 룰루레몬을 택했다. 얼핏 보면 운동복을 입은 것 같지만, 몸매를 자연스럽게 살려줘 은근히 눈에 띈다. 이런 옷을 '1마일 패션'이라고 한다. 스타들이 커피 한 잔을 들고 동네에 잠깐 나갈 때 입는 옷이라는 뜻이다. 파파라치들이 찍은 사진들은 인터넷을 통해 퍼졌다.

룰루레몬 전(前) CEO 크리스틴 데이는 스타들을 통해 쌓은 인지도를 경영전략에 활용했다. 룰루레몬을 '편안하지만 특별한 옷'으로 만들기 위해 아무리 잘 팔려도 일정 수량 이상은 만들지 않았다. "요가 센터를 갔을 때 나랑 같은 룰루레몬 옷을 입고 있는 사람을 찾을 수 없게 하겠다"는 것이다. 그녀의 전략은 고객들이 룰루레몬을 더욱 찾게 만들었다. 2009년에 나온 티셔츠 '그래티튜드 랩'은 나오자마자 전량 매진됐다. 지금은 이베이에서 원가의 두 배가 넘는 250달러에 거래되고 있다. 2011년 다시 출시했지만 캐나다의 딱 한 군데 매장에서만 팔았다. 물론 나오기 무섭게 팔려나갔다.

소량만 만드는 대신 소재는 최고급을 쓴다. 수분 흡수는 물론 피부 마찰, 탄력 등을 종합적으로 고려한다. 요가를 전문적으로 하는 사람도 인정하는 수준이다. 브랜드가 지향하는 '선의 가치'를 충족시키기 위해 대나무 추출물 등 친환경 소재만 쓴다. 최고급 브랜드라는 이미지가 생기면서 '요가복의 샤넬'이라는 별칭도 얻었다.

이런 전략 덕분에 충성스러운 팬층을 확보했다. 인터넷에는 룰루레몬 직원이 아닌데도 신제품이 나올 때마다 사진을 찍어 올리고 제품 분석을 하는 수많은 블로거가 있다. 대표적인 팬 블로거 중 한 명인 크리스티나 찰머스는 "룰루레몬은 고객이 제품을 사지 못할까 봐 불안하게 만든다"며 "고객들도 이런 전략을 잘 알고 있고, 즐기기도 한다"고 말했다.

베라 왕 역시 스타 마케팅을 적극 활용했다. 그녀는 뉴욕 맨해튼의 고급 백화점인 바니스뉴욕, 버그도프굿맨, 노드스트롬 등에 입점해 있다. 일본, 홍콩 등에도 진출했다. 한국에선 서울 청담동에서 4층 건물 규모의 플래그십 스토어(flagship store : 한 건물 전체를 하나의 브랜드가 사용하는 매장)를 운영 중이다. 베라왕이 아시아에 자사 브랜드의 플래그십 스토어를 연 건 서울이 처음이다.

베라 왕은 브랜드 구축을 위해 스타 마케팅을 적극 활용했다. 그의 웨딩드레스는 1999년 영국 대중음악그룹 스파이스걸스의 전(前) 멤버 빅토리아가 축구선수 데이비드 베컴과의 결혼식 때 입으면서 유명세를 탔다. 이후 제니퍼 로페즈, 샤론 스톤, 머라이어 캐리 등 해외 유명 스타들이 자신의 결혼식 웨딩드레스로 베라 왕을 선택해 이름값이 더욱 올라갔다. 국내에서는 심은하, 김남주 등이 베라 왕 웨딩드레스를 입었다.

입소문 마케팅

매장 콘셉트는 정했지만 독특한 매장만으로 장기적인 성장을 담보할 수는 없었다. 적절한 경영방침이 뒷받침돼야 했다. 대부분 대형마트는 지리적 위치를 통해 고객 유동성을 확보했다. 하지만 쉬웨이홍(徐偉宏) 사장은 우싱(五星)전기에서 일하면서 이 같은 전략으로는 고객을 적극적으로 매장에 끌어들일 수 없다고 판단했다. 그는 암웨이, 메리케이 화장품 등 '다단계' 업체들의 고객 유인 방식에 주목했다. 고객 스스로가 영업사원처럼 다른 고객을 끌어들이는 마케팅 전략이다.

쉬웨이홍 사장은 다단계 업체들의 전략에 착안, 새로운 경영지표를 만들었다. 그는 다른 대형마트들이 주요 관리지표로 삼는 판매액, 수익률, 상품 회전율 등은 거의 신경 쓰지 않았다. 대신 단순 고객이 아닌 회원이 얼마나 빠른 속도로 느는지, 기존 회원은 새 회원을 얼마나 끌어들이는지, 새 회원은 물건을 얼마나 사는지 등에 집중했다.

쉬웨이홍 사장은 이렇게 모은 통계를 지표화하고, 성과금 지급 등 경영 활동에 적극 반영했다. '입소문 마케팅'과 시간대별 마케팅 차별화 전략도 도입했다. 예를 들어 주요 고객층인 주부들이 아이들과 쇼핑하는 시간은 주로 어린이집이 끝난 오후 3시에서 남편이 퇴근하기 전인 오후 6시 사이다. 쉬웨이홍 사장은 이 시간대에 맞춰 마케팅 직원을 집중 배치하고, 거리 홍보도 강화했다.

전략은 적중했다. 대형 유아용품 매장인 하이즈왕(孩子王)은 언론에 광고를 전혀 하지 않았지만 입소문과 차별화 서비스로 고객이 빠른 속도로 늘어났다. 하이즈왕이 2011년 거둔 매출은 1억 8,452만 위안(약 328억 원). 창업 3년 만에 이룬 성과다. 연 평균 성장률이 677%에 달했다. 중국의 유아용품 업계 전문가들은 이 회사가 앞으로 3년간 최소 2배 이상 성장할 것으로 보고 있다.

고객을 즐겁게 하는 아이디어

요식업은 흔히 누구나 마음만 먹으면 할 수 있는 사업으로 치부한다. 그만큼 실패하는 사람도 많다. 하지만 일본 이자카야 체인 라쿠코퍼레이션의 우노 다카시 대표의 생각은 달랐다. 음식점이야말로 잘만 하면 높은 부가가치를 얻을 수 있는 업종이라고 봤다. 100엔짜리 토마토가 인근 이자카야에서 썰기만 하면 300엔이 된다는 것이다. 고객들은 가격이 세 배가 된 토마토를 싸다고 말하기까지 한다. 우노는 차액 200엔이 '고객에게 즐거움을 준 대가'라고 여겼다. 결국 음식점의 성패는 고객을 미소 짓게 하는 가게를 만드느냐에 달려 있다는 게 그의 지론이다.

어떤 서비스가 고객을 즐겁게 할 수 있을까. 그는 우선 직원들에게 고객의 이름을 외우라고 강조했다. 고객의 이름을 기억해 불러주면 가게 호감도가 크게 상승할 것이라고 생각했기 때문이다. 이름을 잘 못 외우는 직원들을 위해 고객들이 보이지 않는 장소에 테이블 번호표를 두고 고객 이름을 모두 써놓기도 했다. 예상은 적중했다. 이름 부르는 작업을 진행한 이후 두 달 만에 라쿠코퍼레이션의 월 매출은 150만 엔가량 상승했다.

단골 고객들의 취향을 파악하는 노력도 병행했다. 고객이 야키소바 3인분을 시켰을 때 일행 중 한 명이 표고버섯을 싫어했다는 것을 미리 기억해뒀다가, 1인분은 표고버섯을 빼고 요리를 제공하는 식이다.

고객의 불만에도 귀를 기울였다. 금요일이나 토요일처럼 고객이 몰려 주문한 요리가 늦게 나가는 경우가 많을 때 직원들에게 테이블을 지나면서 "안 나온 음식이 있나요?"라고 꼭 물어보도록 했다. 고객 불만을 사전에 방지하자는 취지다. 만약 음식이 제때 나오기 힘든 상황이면 바로 대접할 수 있는 간단한 음식을 제공하도록 했다. 고객들이 '마음속에 품고 돌아가는 불만'이 가장 무섭다고 생각한 것이다.

라쿠코퍼레이션이 단순히 고객 접대로만 승부한 것은 아니다. 우노는 이자카야에 특별한 요리 기술까지 필요하진 않지만, 통통 튀는 아이디어가 있어야 한다고 생각했다. 회사 설립 초기에는 새끼 방어회를 메뉴로 내놓았다. 하지만 전문 요리사가 없어 깔끔하게 회를 뜰 수가 없었다. 그는 대신 이 회를 '대충 썰어 더 맛있는 회'라는 이름을 붙여 팔았다. 고객들은 이런 시도를 신선하게 받아들였고, 기꺼이 주문했다. 더운 여름에 인기 없는 어묵요리는 '참 신기하죠. 여름에도 인기 있는 어묵'과 같은 문구가 담긴 메뉴판을 사용했다.

가게의 객단가(고객 1인당 평균 매입액)를 높이는 데도 아이디어를 활용했다. 이자카야에 오는 여성 고객의 85%까지 푸딩과 아몬드 젤리를 넣은 디저트를 주문하도록 유도해야겠다고 생각한 것이다. 디저트 한 개의 가격은 300엔으로, 고객이 주문하면 그만큼 객단가를 높일 수 있다. 그는 고객이 디저트를 주문할 때 아이스크림을 '서비스'로 주기로 했다. 종업원은 아이스크림을 통째로 고객에게 가져가 그 자리에서 담아 준다. 고객은 아이스크림을 먹으면서 특별한 대접을 받는 느낌을 갖게 된다. 옆 테이블 고객이 이런 모습을 보고 디저트를 주문하는 경우가 생기기 시작했다.

불경기에는 닭튀김이나 크로켓처럼 일본에서 흔하게 볼 수 있는 친숙한 음식 메뉴를 전면에 내세웠다. 낯선 메뉴는 미래가 불확실한 불경기에 고객의 거부감을 일으킬 수 있다는 판단에서다.

이 같은 아이디어가 평범한 음식을 특별한 메뉴로 바꾼 비결이다. 아이디어의 단서는 TV광고, 맛집 프로그램, 책 등 일반 유행 정보에서 찾았다. 때로는 맛있다는 평판이 나 있는 다른 가게를 직접 찾아갔다. 고급 레스토랑의 메뉴를 모방한 뒤 변형시켜 쉽게 조리할 수 있는 자신만의 음식을 만들기도 했다.

우노 사장은 고객 접대를 도요토미 히데요시(豊臣秀吉)의 '짚신 이야기'에 비유한다. 일본 전국시대의 명장 오다 노부나가의 시종이었던 도요토미 히데요시가 추운 겨울 짚신을 가슴에 품은 뒤 따뜻하게 만들어 오다의 환심을 샀다는 내용이다. 우노는 이 같은 노력으로 출세길이 열린 도요토미처럼 음식점도 고객의 가슴을 따뜻하게 해줘야 성공할 수 있다고 믿었다.

유니언스퀘어 카페도 고객을 생각하는 진정성으로 유명하다. 한 부부가 결혼기념일을 맞아 유니언스퀘어 카페를 찾아왔을 때 일이다. 남성 고객이 직원에게 "집 냉동실에 샴페인을 놔두고 왔는데 터지지 않을까요"라고 물었다. 직원이 "냉동실에 오래 두면 샴페인은 터집니다"라고 답했다. 부부는 샴페인을 꺼내기 위해 서둘러 자리를 일어서려 했다. 이때 메이어는 손님들의 양해를 구했다. 고객이 원하면 직원을 보내 샴페인을 냉동실에서 꺼내놓도록 하겠다고 했다. 부부는 쾌히 승낙했다. 그들은 샴페인 걱정 없이 식사를 할 수 있었다. 이후 부부는 레스토랑의 단골 고객이 됐다.

고객은 단 하나만 원한다

'100% 천연 과일잼'을 팔겠다고 결심한 도허티는 침체기에 빠진 잼 업계를 뒤흔들 수 있다는 자신감이 생겼다. 기회는 예상보다 빨리 왔다. 영국의 대형마트 체인업체 웨이트로즈(Waitrose)가 도허티의 고향인 에든버러에 새 매장을 내기로 한 것이다. 웨이트로즈는 중소 납품업체를 돕는다는 경영철학을 갖고 있었다. 웨이트로즈 단골들은 무설탕 천연잼 같은 고급 식품을 사는 데 돈을 아끼지 않기로 유명했다. 도허티는 "슈퍼잼이 웨이트로즈에서 팔릴 수만 있다면 성공은 따 놓은 당상"이라고 확신했다.

도허티는 잼을 들고 웨이트로즈를 찾았다. 웨이트로즈 구매 담당자는 100% 과일잼이란 아이디어가 좋다고 칭찬했다. 하지만 브랜드 컨셉트가 모호하다고 지적했다. 이를 보완해 다시 찾아온다면 입점을 고려해보겠다고 약속했다.

처음 구상한 것은 '슈퍼히어로'였다. '슈퍼잼'이란 이름에서 '슈퍼맨'이 연상된다는 이유에서였다. 전단지도 슈퍼맨 이미지의 잼보이가 잼랜드에서 구출작전을 편다는 내용으로 디자인했다. 하지만 웨이트로즈에서 다시 퇴짜를 맞았다. 슈퍼잼의 웰빙 이미지가 만화책 같은 브랜드 컨셉트 때문에 희미해진다는 것이다. "누가 살 것인지 생각하지 않았구나!" 도허티는 무릎을 쳤다.

'할머니도 이해할 수 있는' 메시지를 전하는 데 주안점을 두기로 했다. 상표는 단순하게, 성분은 명확하게 표기했다. 과일 사진은 넣지 않았다. 물론 슈퍼히어로 그림도 들어가지 않았다. 웰빙 천연잼 컨셉트를 가져온 도허티에게 웨이트로즈는 입점을 허락했다. 18세 소년이 납품업체 사장이 된 것이다.

제임스 다이슨 역시 아무리 멋진 아이디어라도 소비자는 단 한 가지만을 원한다는 것을 알고 있었다. 다이슨은 수십 장의 메모보다 한 가지 통찰을 중시하는 회사다. 사물의 본질을 찾아낸 뒤 그 부분에만 파고든다. 다이슨 청소기를 출시했을 때도 원칙은 같았다. 먼지봉투를 없애는 것에만 집중했다. 제임스 다이슨 대표가 공들인 것은 나머지 장치들을 떼어내는 것이었다. 당시 유행하던 공기청정 버튼도 청소기에 달지 않았다. 그는 새로운 것을 팔 때 여러 장점을 강조하면 안 된다고 주장했다. 그는 "쓸데없는 장치들은 게으른 디자이너들이 뭔가 일을 했다는 것을 보여주려 만든 것"이라고 비판하곤 했다.

이 원칙도 여러 번의 '실패 경험'이 만들어냈다. 그는 대학생이던 1973년 로토크라는 엔지니어링 회사에서 아르바이트를 했다. 그곳에서 다이슨의 첫 제품이 나왔다. 바다를 달리는 고정트럭 '시트럭(Seat Truck)'이다. 야심차게 내놓은 제품이었지만 판매는 시원찮았다. 시트럭의 뛰어난 기능을 충분히 설명해도 아무도 관심을 보이지 않은 것이다. 다이슨은 에너지 분산을 그 원인이라고 여겼다. '모든 필요를 충족시킬 수 있는 다목적 배'라고 시트럭을 홍보한 것이 실수였다. 다이슨은 "사람들은 자신만의 특별한 목적을 충족시켜줄 수 있는 단 하나의 기술을 원한다"는 사실을 깨달았다. 이후 그는 한 가지 본질적 요구를 찾아내고 해결하는 데 집중했다.

다이슨이 로토크에서 나와 1974년 출시한 정원용 손수레 '볼배로'가 대표적인 예다. 볼배로엔 바퀴가 들어가는 자리에 플라스틱 공이 들어가 있다. 그가 전하고자 한 메시지는 명확했다.

"잔디 위에 바퀴 자국이 남지 않길 원하시나요. 진흙에 바퀴가 빠지지 않길 원하시죠. 그럼 바퀴를 빼고 플라스틱 공을 끼운 볼배로를 쓰세요."

볼배로 시제품엔 손잡이로 짐을 올리고 내리는 기능이 있었다. 다이슨은 제품을 출시할 때 이 기능도 빼버렸다. 소비자들에게 혼란을 줄 수 있다는 판단에서다. 볼배로는 출시 3년 만에 베스트셀러가 됐다.

EXECUTE

3장

실행하라

디자인적 사고가 필요한 이유

창의성을 높이려면 어떤 노력을 해야 하는가?

흔히 창의성은 선천적으로 타고나는 능력이라고 생각하지만, 하버드비즈니스스쿨의 연구 전문가 테레사 아마빌 교수는 창의성은 외적인 환경과 학습을 통해 훈련이 가능하며 얼마든지 키울 수 있다고 말한다. 많이 보고 많이 이야기하며, 많이 생각하고 손으로 많이 만들면서 검증하는 일련의 행위는 창의성을 높인다. 창의성은 가만히 있는다고 저절로 생기는 것이 아니라 자신을 자극적인 환경에 노출할 때, 자극을 자신의 것으로 소화하고 표현할 때 발휘된다.

혁신은 다르게 생각하는 것이다. 다르게 생각하기 위해서는 다른 질문, 다른 환경, 다른 사람, 다른 문화, 다른 방식, 다른 풍속, 다른 생각, 다른 관점에 자신을 많이 노출시켜야 한다. 그리고 그 다름을 자신의 것으로 소화해야 한다. 무에서 유가 저절로 창조되는 경우는 없으며, 오랫동안 누적되고 축적되어온 단단하고 높은 토대 위에서 가치 있는 새로운 것이 태어난다.

창의적이라고 평가받는 기업들은 이질적인 사람들 간의 화학작용을 추구했으며, 다양한 곳에 시선을 두어 예민하고 세련된 관점과 감각을 키워왔다. 그 관점은 회사의 핵심역량에 녹아들어 기존에 누구도 생각지 못한, 그러나 세상을 바꿀만한 혁신을 낳았다.

손으로 생각하라

IDEO는 '디자인업계의 맥킨지'로 불리는 회사다. 제품은 물론 기업문화와 서비스 전략까지 디자인한다. IDEO의 고객 리스트엔 펩시콜라와 도요타, JP모건 등 세계 300여 개의 우량 기업이 포함되어 있다. 삼성전자, LG전자, SK텔레콤, 현대카드 등 국내 기업도 있다. 팀 브라운(Tim Brown)은 산업디자인을 전공하고 디자이너 생활을 하다가 2000년 IDEO의 CEO 자리에 오른 인물이다.

브라운이 CEO 자리에 오른 때가 그리 좋은 시기는 아니었다. '닷컴 거품'이 터진 직후라 고객사였던 실리콘밸리의 기업들이 잇따라 무너지면서 IDEO도 타격을 받았다. 그는 "다른 회사의 제품과 서비스를 디자인하기 전에 우리 회사부터 새롭게 만드는 디자인 작업을 시작하자"고 외쳤다.

그는 IDEO 혁신의 핵심은 '사람'이란 점에 집중하며 'T'자형 인재를 찾기 시작했다. T자형 인재란 한 가지 분야에서 깊이 있는(I) 전문가인 동시에 다방면에 박식한(–) 사람을 일컫는 말이다. 인류학을 전공한 엔지니어, 작가 출신의 심리학자, MBA를 취득한 디자이너 등이 T자형 인재에 속한다. IDEO의 힘은 다학제적 팀이 어우러질 때 솟아나는 아이디어에서 나온다는 판단이었다. 자기 분야는 잘 알지만 다른 분야의 일은 모르는 'I'자형 인재는 채용하지 않았다. 디자인 기업인 IDEO에 디자인만을 전공한 직원이 거의 없는 이유가 바로 이 때문이다.

외부 아이디어도 적극적으로 수용했다. 브라운은 인도의 가난한 계층을 위해 깨끗한 물을 공급해달라는 요청을 받았다. 미국의 디자이너를 잔뜩 고용하는 대신 11개의 인도 내 물(水) 관련 기구와 팀을 이뤘다. 워크숍을 통해 신제품과 서비스, 비즈니스 모델을 찾고 이 중 5개 기구와 협업해 새로운 형태의 물 보관소와 운송기구, 공급 과정을 만드는 데 성공했다.

그는 "사람들은 '디자인'하면 검은 터틀넥을 입고 뿔테안경을 쓴 사람들이 혼자 해내는 것이라고 생각한다"며 "하지만 진짜 디자인

은 세상의 문제를 해결하기 위해 모두 함께 고민하는 일"이라고 강
조했다.

브라운이 말하는 '혁신의 비밀'은 간단하다. "예측 가능한 디자인
을 버리고, 보이지 않는 욕망의 본질을 디자인하라"는 것이다. 2000
년 미국 ABC방송의 뉴스쇼 '나이트라인'은 IDEO에 "현대 소비자
들을 위한 쇼핑카트를 새롭게 만들어달라"고 주문했다. 브라운을
포함한 직원들은 매장에 가서 직접 카트를 밀고, 고객을 인터뷰했
다. 그렇게 나온 새 카트는 6개의 바구니를 붙였다 뗐다 할 수 있는
탈·부착형 제품이었다. 음료를 마시며 쇼핑하는 사람들을 위해 컵
홀더 두 개도 달았다. 방송이 나가자마자 IDEO 본사로 전화가 쏟아
졌다. 미국 전역의 사업가들로부터 걸려온 문의 전화였다.

뱅크오브아메리카(BoA)와 2005년 함께 진행한 '잔돈은 됐어요
(keep the change)' 프로젝트도 '디자인적 사고'가 성공적으로 발현된
사례다. 브라운은 많은 사람들이 잔돈을 모아 목돈을 만들고 싶어
한다는 점에 착안했다. "4,500원짜리 물건을 산 뒤 5,000원으로 결
제하고 나머지 500원은 통장에 자동으로 적립해주는 서비스는 어떨
까?" 이 서비스를 도입한 뒤 BoA의 저축예금 계좌 수는 1년 만에 1
만 2,000개나 늘었다.

IDEO의 아이디어가 연이어 성공하자 세계 최대 생활용품업체인
프록터앤드갬블(P&G)은 모든 임원을 IDEO로 보내 이노베이션 교
육을 받도록 했다. 미국 경제주간지 〈비즈니스위크〉는 IDEO를 "인
류학자, 심리학자, 엔지니어, 그리고 그래픽디자이너의 프리즘으로
컨설팅을 제공하는 디자인 업체다"라고 정의했다. 브라운은 "다양

한 전략을 갖춘 '약간은 이상하고 별난 회사'로 봐줬으면 좋겠다"고 말했다.

2008년 6월. 경영전문저널 〈하버드비즈니스리뷰〉에 짧막한 글이 하나 실렸다. 제목은 '디자인적 사고(design thinking)'로 글을 쓴 사람은 팀 브라운이었다.

산업디자이너 출신인 그는 이렇게 적었다. "난 경영학을 전공하지도 않았고, 엑셀이나 회계도 잘 모른다. 하지만 난 경영도 디자인과 크게 다르지 않다는 점을 깨달았다. 디자이너처럼 세상을 읽는다면 제품은 물론 서비스, 공정, 전략을 개발하는 방식까지 싹 바꿀 수 있다."

이 글은 경영학계에 큰 반향을 일으켰다. 재무나 회계, 마케팅 등 MBA식 접근만 중시하던 학계에 "경영에는 사람들의 보이지 않는 욕망까지 읽는 디자인적 상상력도 필요하다"고 일침을 가했기 때문이다.

브라운은 사회 초년병 시절의 경험을 바탕으로 이 같은 경영 방식을 고안해냈다. 입사 초, 한 덴마크 전자회사로부터 개인용 팩시밀리를 디자인 해달라는 의뢰를 받았다. 프로젝트 개요가 이미 정리되었고 개념도 잡혀서 상품에 단지 껍데기를 입히는 일밖엔 할 수 없었다. 깔끔한 외관의 팩시밀리를 만들었지만 그 제품은 1년 반만에 시장에서 사라졌다. 전자제품의 특성상 수명이 짧았던 것이다.

큰 충격을 받았다. "예쁘고 편리하게 만드는 것만으론 충분하지 않구나. 이런 디자인만 하다가는 기업의 도구밖에 되지 못한다. 고객이 진정으로 원하는 디자인을, 불편함을 해결할 수 있는 디자인을 하고 싶다."라는 '디자인적 사고'에 대한 고민에 빠졌다. 이후 서비스·문제 해결 디자인 영역에서 실력을 뽐내기 시작했다.

브라운은 1962년 영국 프레스턴 근처의 작은 마을에서 태어났다. 아버지는 사진사, 어머니는 교사였다. 어릴 적 여느 남자아이들처럼 레고(Lego) 블록 조립을 즐겼다.

1970년대 초 영국은 석탄 공급 부족으로 정전이 잦았다. 그가 10세이던 1971년 어느 날도 마찬가지였다. 저녁 즈음 갑자기 집의 전등이 꺼지자 어머니는 저녁 식사를 준비하다가 손을 놓아야 했다. "내가 도울 방법은 없을까?" 고민하던 브라운의 눈에 방금 갖고 놀았던 야광 레고 블록이 보였다. 어둠 속에서 빛을 발하고 있었다.

"블록으로 손전등을 만들자!" 그는 야광 레고를 조립해 만든 자신의 '작품 1호'를 어머니에게 선물했다. 어머니는 무사히 식사 준비를 마쳤고, 이후 정전될 때마다 브라운의 손전등을 썼다. 이때 모형 제작의 힘을 처음 깨달았다.

브라운이 직원들에게 강조하는 것도 '손으로 생각하기(thinking with your hands)'다. 기존 MBA식 경영이론은 경우의 수를 모두 계산한 뒤 신중한 의사결정을 권한다. 그러나 브라운식 경영은 다르다. "아이디어가 있을 때 망설이지 말고, 프로토타입(prototype : 떠오르는 아이디어를 만질 수 있는 형태로 만든 미완성 제품)부터 손으로 만들라"는 게 핵심이다.

애플의 최초 컴퓨터 마우스도 IDEO의 프로토타입에서 나왔다. 구슬처럼 생긴 방취제 뚜껑을 플라스틱 버터 용기 밑바닥에 붙여본 것이다. IDEO의 한 디자이너가 아이디어를 떠올렸을 때 주변에 있는 재료로 만든 첫 번째 프로토타입이다. 이 방취제 뚜껑 마우스는 오늘날 PC용 마우스의 원형이 됐다.

창조의 시간

모두 잠든 새벽 1시 뉴욕 맨해튼의 한 아파트. 60대의 한 여성이 침대 머리맡에 앉아 스케치북에 그림을 그린다. 사방은 고요하며 종이와 연필의 마찰음만 울려 퍼질 뿐이다. 늦은 시간까지 그림에 몰입한 주인공은 세계적인 패션기업 베라왕그룹의 CEO 베라 왕이다.

그녀에게 오후 11시부터 오전 2시까지는 '창조의 시간'이다. 창의적 생각이 샘솟기 때문이다. 침실은 '성소(聖所)'다. 낮에는 밀려드는 손님들과 직원들을 상대해야 하므로 조용히 앉아 디자인을 구상하는 것은 불가능하다. '창조의 시간'은 그녀를 성공한 패션 디자이너이자 사업가로 만들었다. 베라 왕은 "밤이야말로 한꺼번에 7명의 사람들이 내게 달려오지 않는 유일한 시간"이라며 "창조의 시간은 나의 성공 비결"이라고 강조했다.

베라 왕은 휴대폰이 없는 CEO로도 유명하다. 폭주하는 전화를 피하는 것은 창의적인 사고에 집중하기 위한 방법이기도 하다. 엄청난 양의 전화를 받다 보면 다른 일은 아무것도 하지 못하는 경우가 많기 때문이다. 그녀는 "전화를 일일이 받다 보면 디자이너로서 창의력을 발휘하는 일에 방해를 받게 된다"며 "선택과 집중을 통해 사업가와 디자이너 사이의 균형을 찾기 위한 방법"이라고 설명했다.

베라 왕은 보그에서 16년간 일했다. 수많은 패션계 인사들과 만나면서 패션 철학을 만들어갔다. 빠르게 변하는 패션 세계를 가까이서 지켜보며 패션을 보는 '눈'을 갖게 된 것이 가장 큰 성과였다. 베라 왕은 "보그에서 (패션에 대한) 안목을 날카롭게 다듬었다"고 말했다. 안목에 대해 그는 "낡은 것을 새롭게 관찰하는 방법이다. 패션이라는 개념에 어떻게 새로움을 부여하느냐, 어떻게 새로운 것을 시도하느냐가 관건"이라고 설명했다. 와이셔츠는 어디까지나 와이셔츠지만 끊임없이 새로운 창조성을 부여하는 것이 패션의 역할이라는 것이다. 일상에 예술적 감각을 불어넣는 셈이다. 베라 왕이 혁신을 통해 사업을 성공으로 이끈 비결이기도 하다.

아마존의 끊임없는 변신은 창의적 아이디어의 결과물이다. 아마존 CEO 제프 베조스는 "창의적이지 못한 이들과 함께 보내기에 인생은 지나치게 짧다"고 말한다. 아내가 될 사람도 창의력이 풍부한 여자로 찾을 정도였다고 하니, 직원 채용의 0순위 조건도 '창의성'이다. 직원 면접 때 "미국 내 주유소가 몇 개나 될까?" 등의 질문을 던진다. 상사의 의견에 자유롭게 반론을 제기할 수 있는 것도 아마존만의 독특한 문화다. 베조스는 한 매체와의 인터뷰에서 "우리 직원 중 '노(NO)'라고 말하지 못하는 사람은 없다"고 강조했다.

창의성이 경영의 가장 중요한 덕목이지만 창의성만으로는 부족하다는 게 베조스의 생각이다. 그는 "경영자가 비행기 안에서 떠올린 아이디어가 사업으로 바로 이어진다는 것은 허구"라며 "일주일에 한 번씩 임원 회의를 통해 아이디어를 모으고, 철저한 검증을 거친다"고 말했다. 직원들이 아이디어를 내면 측정할 수 있는가를 제일 먼저 묻는다는 것. 그는 "애플의 창의성에 구글의 숫자 중심 문화가 합쳐진 것이 아마존"이라 평한다.

어떻게 실패할지 고민하라

QUESTION

실패에서 배울 수 있는가?

ANSWER

실패는 불안과 위축된 심리, 좌절감을 우리에게 선사할 때가 많다. 그러나 실패가 악순환인 것만은 아니다. 실패가 나쁜 것이라면 인류가 인공의 빛을 만나기까지는 더 오랜 시간이 필요했을 것이다. 전구를 만든 에디슨은 천재는 1%의 영감과 99%의 노력으로 만들어진다고 했다. 수천 번의 실패를 딛고 전구를 만든 에디슨은 자신은 실패한 것이 아니라 안 되는 수천 가지 방법을 알았을 뿐이라고 했다. 기꺼이 수천 번의 실패를 감수할 때 한 번의 도약을 이룰 수 있다. 또한 실패를 통해 균형적인 시각을 갖게 해주는 겸손을 배울 수 있다.

후쿠시마 제1원자력발전소의 사고 원인을 밝히기 위해 꾸린 정부 조사위원회. 일본 정부는 이 위원회의 수장으로 하타무라 요타로(畑村洋太郎) 도쿄대학교 명예교수를 기용했다. 하타무라 교수는 미국 매사추세츠대학교 공대(MIT)를 졸업하고 도쿄대학교 대학원 기계공학계열 교수를 거쳤지만 그가 이 자리에 오른 이유는 따로 있었다. 그가 '실패학 창시자'였기 때문이다.

그는 실패의 경험에서 성공의 비결을 찾는 실패학 전문가다. 실패의 속성을 과학적이고 체계적으로 분석한 저서 《실패를 감추는 사람, 실패를 살리는 사람》은 2000년과 2001년 2년 연속 일본의 최고 베스트셀러 기록을 세웠다. 그는 기업과 조직에 실패학 신드롬을 일으켰다. 하타무라 교수는 "실패는 도전과 발전을 위해 원인을 분석하고 거기서 창조적인 아이디어를 도출해낼 때 비로소 가치 있는 것"이라고 말한다.

사업은 화려하고 멋진 일만은 아니다. 실패할 가능성이 성공할 확률보다 더 크고, 어쩌면 시작하자마자 피를 말리는 전쟁터에 나가게 될 가능성도 크다. 하지만 그 실패할 확률이 두려워 누구도 나서지 못했다면 지금의 세상은 어떤 모습이었을까.

하타무라 교수는 더 빨리, 더 많이 실패할수록 성공할 확률이 높아진다는 것, 마라톤처럼 끊임없이 실패해야 새로운 제품이 탄생한다는 것, 한 번에 성공한 것은 결코 혁신이 아니라는 것 등 극단적인 메시지를 전해줬다.

그 극단적인 메시지 뒤에는 실패한 이들이 고민으로 지새웠을 숱한 밤과 수없이 흘렸을 땀과 눈물이 담겨 있다. 그 많은 실패를 뒤로하고 그들은 "잘 실패하라. 그리고 어떻게 성공하느냐 보다 어떻게 실패할지 먼저 고민하라."라는 한마디를 던졌다.

5,126번의 실패

5,126. 먼지봉투 없는 진공청소기 다이슨(Dyson)이 개발되기까지 실패한 횟수다. 다이슨 청소기를 만든 제임스 다이슨(James Dyson)은 천재가 아니었다. 하루에 하나씩 모형 청소기를 만들었다 부수기를 반복했다. 아크릴 청소기, 놋쇠 청소기, 알루미늄 청소기가 만들어졌다가 사라졌다. 다이슨이 창고에 틀어박혀 청소기와 씨름하는 동안 아내는 미술교실을 열어 생계를 책임졌다. 그 사이 아들 샘도 태어났다. 다이슨은 5,127번째 모형을 통해 자신의 아이디어를 제품으로 만드는 데 성공했다.

다이슨 청소기는 '비틀즈 이후 가장 성공적인 영국 제품'이라고 불린다. 영국 빅토리아 앨버트 박물관에 전시된 유일한 가전제품이기도 하다. 청소기를 단순한 상품을 넘어 혁신의 아이콘으로 바꾼 제임스 다이슨. 그의 회사는 현재 연간 1조 5,000억여 원의 매출을 올리는 글로벌 가전업체로 우뚝 섰다.

다이슨의 성공기를 들여다보려면 1980년으로 되돌아가야 한다. 당시 청년이던 다이슨은 새로운 진공청소기를 개발했다. 청소기 안에 있던 먼지봉투를 없앤 뒤 스스로 획기적이라고 생각했다. 다이슨은 자신이 개발한 진공청소기 모형을 들고 청소기 제조업체를 찾아다녔다. 제조업체들의 반응은 냉담했다. 한 회사 간부는 "그게 그렇게 좋다면 후버(세계적 진공청소기 업체)에서 왜 진작 안 내놨겠나"라며 비웃었다. 대부분은 이렇게 말했다. "이봐 청년, 먼지 봉투가 뭐 어때서 그래. 아쉬울 게 없어."

그로부터 13년 뒤. 다이슨은 회사를 직접 세웠다. 회사명은 '다이슨'. 먼지봉투를 없앤 다이슨 청소기를 직접 출시했다. 이 청소기는 출시 18개월 만에 영국에서 판매 1위, 세계적인 인기 상품이 됐다.

다이슨은 여기서 멈추지 않았다. 청소기가 한창 잘나갈 당시 회사 사무실에는 이런 글귀가 적혀 있었다. '전기를 이용한 선풍기는 1882년 발명됐다. 날개를 이용한 그 방식은 127년간 변하지 않았다.' 2009년 다이슨은 세계 최초로 날개 없는 선풍기를 출시했다.

다이슨은 1947년 영국 노퍽에서 태어났다. 아버지는 고전을 가르치는 교사였다. 하지만 다이슨은 아버지의 전공인 고전에는 별 흥미가 없었다. 그는 지금도 학생들로부터 "고전이나 전통이 성공에 얼마나 도움이 됐느냐"는 질문을 받으면 간단명료하게 답한다. "전혀요."

다이슨은 고전이 아니라 체험에서 깨닫는 걸 중시했다. 학창시절엔 목관악기인 바순을 연주했다. 바순은 다루기 어려운 악기라 음악 선생님도 가르쳐 주지 않았지만 스스로 깨쳤다. 다이슨은 "꼭 이렇게 해야 한다는 규칙이 없다는 게 매력적이었다"고 회상했다. 스스로 고민하면서 답을 찾아내는 과정이 그에겐 더 중요했다.

이런 성향은 그를 기업인의 길로 이끌었다. 1978년 어느 날 청소를 하던 다이슨은 진공청소기의 흡입력이 떨어진다고 생각했다. 서비스센터를 찾는 대신 직접 청소기를 분해했다. 그러자 먼지봉투의 미세한 구멍을 먼지가 막고 있었다. 먼지봉투를 이용한 청소기의 한계였다. 다이슨은 창고 안으로 들어가 새로운 진공청소기를 개발하기 위한 실험을 시작했다. 3년 뒤 다이슨이 만든 청소기에는 먼지봉투가 없었다. 빠른 속도로 먼지를 회전시켜 걸러내는 작은 장치가 그 자리를 대신했다.

그는 훗날 "진공청소기를 분해했을 때 바순을 배웠던 기억을 떠올렸다"고 말했다. 공기를 내뿜는 악기에서 공기를 빨아들이는 기계로 대상이 바뀌었지만, 다루는 방식은 똑같았다는 설명이다.

다이슨은 직원들에게도 청소기를 분해해보도록 시킨다. 회사 직원들은 출근 첫날 청소기를 분해해야 한다. 가장 직급이 낮은 직원부터 임원까지 모두에게 적용되는 규칙이다. 다이슨이라는 회사의 연혁을 줄줄이 소개하는 것보다 회사의 대표 상품을 직접 만져보는 것이 직원에게 더 도움이 된다는 판단에서다. 다이슨은 "누구의 말도 듣지 말라"고 자주 말한다. "소비자조차 자신이 원하는 것이 뭔지 잘 모른다"는 것이다. 다이슨의 성공 비결은 기존 공식에 의존하지 않고 직접 뜯어보는 실험정신이다.

국내에서 번역·출간된 다이슨의 자서전 제목도《계속해서 실패하라(Against the odds)》였다. 부제는 '그것이 성공에 이르는 길'이다. 다이슨은 기존 전문가들의 냉소, 수천 개의 미완성 제품, 자금난 등

많은 어려움을 겪었다. 그가 자신의 성공을 "실패를 두려워하지 않고 끊임없이 도전한 끝에 나온 결과물"이라고 말하는 이유다. 혁신을 이야기하는 사람은 많지만 대부분 실패라는 관문을 넘지 못하기 때문이다. "혁신은 단거리 달리기가 아니라 마라톤"이라는 것이 다이슨의 지론이다.

다이슨은 실패가 두려워 쉬운 길만 선택하는 기업 풍토를 비판한다. 그는 "요즘 혁신적이지도 않고 이익률이 낮은 상품을 최대한 빨리 팔려는 기업들이 늘어나고 있다"며 "완전히 새로운 제품을 비싼 가격에 팔아 장기적으로 많은 돈을 벌 수 있는 기회를 창출해야 한다"고 말한다.

그의 혁신적인 아이디어는 계속 이어지고 있다. 드럼 두 개를 엇갈리게 움직이도록 만들어 성능을 높인 세탁기, 최근 공중화장실에서 흔히 볼 수 있는 바람을 이용한 핸드 드라이어, 그리고 2009년 날개 없는 선풍기를 개발하며 타임지에 '올해의 가장 혁신적인 발명품 톱10'에 선정됐다. 사람들은 이제 다이슨의 제품을 구매할 때 질문을 던진다. "이 제품은 대체 몇 개의 실패작을 뒤로 하고 탄생한 걸작일까" 하고.

실패 속의 성공을 보다

위키피디아 창립자 지미 웨일즈는 "지미는 실패를 잘한다(Jimmy is good at failure)"는 말을 응원구호처럼 큰소리로 반복해가며 실패담을 훈장처럼 지니고 다닌다. 그는 위키피디아를 시작하기 전인

1996년 시카고 선물거래소에서 일할 때 직장인들이 점심을 밖에 나가서 사먹는 게 비효율적으로 보여 온라인 음식주문 사이트를 열었다가 실패한 경험도 있다. 음식점 주인이 그를 외계인처럼 바라보기도 했지만 포기하지 않았다. '유인원(ape)'이라는 의미가 담긴 '3에입스(APS)'라는 검색 사이트를 만든 적도 있었다. 검색어를 입력하면 유인원이 찾아준다는 식으로 홍보하고 검색 결과에 붙은 광고를 클릭하면 광고료를 받는 모델을 만들었는데 또 실패하고야 말았다.

위키피디아도 처음에는 성공 여부를 가늠하기 힘들었다. 그는 "12개의 지식 목록을 만드는 데만 25만 달러를 들여야 했지만 포기하지 않았다"고 말했다. 그동안의 실패 경험이 그를 단단하게 만들었다.

3에입스는 광고료를 받는 모델로 실패했으니 위키피디아에선 아예 광고를 없앴다. 그 대신 소액의 기부금을 받기로 했다. 위키피디아에는 지금 260개 언어로 된 약 20만 개의 전문 지식이 올라와 있다. 지식을 공짜로 제공하겠다는 역발상이 오히려 도움이 됐다.

재기하기 어려운 실패를 경험한 일이 있느냐고, 정말 그렇게 생각하느냐고 묻는 질문에 그는 답한다. "시도하지 않는 것보다 시도한 뒤 실패하는 게 낫다. 그 대신 정말로 즐길 수 있는 일을 택해야 한다."

승승장구하는 듯했던 유니클로 야나이 회장에게도 실패가 찾아왔다. 1997년 시장 확대를 위해 '스포크로', '패미크로'라는 브랜드 의류를 판매했다. 그러나 사업성이 없어 1년 만에 접었다. 유니클로와 차별화하지 못한 것이 가장 큰 실패 이유였다. 2002년에는 식료품 사업 자회사인 '에프알푸드'를 설립해 채소도 판매했다. 에프알푸드는 유기농법으로 재배한 고급 농산물을 팔았지만, 패스트리테일링에 어울리지 않는 비싼 가격이 발목을 잡았다. 결국 2004년 폐업했다.

하지만 야나이 회장은 사업 실패에 크게 개의치 않았다. 실패했지만 신사업을 통해 나태해진 회사 분위기에 자극을 줄 수 있었다면 충분하다고 생각했다. 그는 유니클로가 '플리스' 성공 이후 무사안일주의에 빠져 있다고 생각했다. 회사에 신선한 바람을 불어넣고자 2002년 회장으로 일선에서 물러나고, 사장직을 젊은 임원에게 물려주기도 했다. 하지만 회사에 변화의 바람이 불지 않았다. 그는 2005년 다시 경영 일선으로 복귀하여 '시어리' '원존' '꼼뜨와 데 꼬또니에' '프린세스 탐탐' 등의 브랜드를 인수해 사업 확장을 서둘렀다.

실패를 두려워 않는 그의 성격은 첫 번째 자서전인 《1승 9패》라는 제목에도 그대로 드러난다. 야나이 회장은 2008년 'TV도쿄'에 출연해 "실패할 것이라면 빨리 경험하는 것이 낫다"며 "빨리 실패하고 빨리 수습하는 것이 내 성공 비결"이라고 말했다.

미국 언론 재벌 허스트그룹의 CEO 프랭크 베닉은 1950년대 초반 17세의 나이에 허스트그룹 소속 신문이었던 샌안토니오라이트에서 광고 영업사원으로 직장생활을 시작했다. 광고 영업에는 그다지 뛰어나지 않았지만, 시대의 흐름을 읽는 날카로운 식견을 갖고 있었다. 당시 등장한 TV가 조만간 미디어 산업의 중추가 될 것이라고 확신했던 것이다.

기회를 모색하던 그는 '타임스 포 틴'이란 지역 TV프로그램의 진행자로 뛰어들었다. 10대들을 위해 가십 뉴스를 전하는 프로그램이었다. 프로그램 자체의 인기는 별로 없었지만 방송산업에 대한 그의 비전은 조직으로부터 인정받았다.

다시 샌안토니오라이트로 돌아온 베넥은 34세에 발행인이 됐다. 몇 년 동안 지역 신문에서 경험을 쌓은 그는 30대 후반부터 허스트그룹 본사의 임원으로 일했다. 그리고 1979년, 45세에 허스트그룹을 이끄는 CEO가 됐다. 베넥은 최근 한 언론과의 인터뷰에서, 경영철학을 묻는 질문에 "안 되겠다 싶으면 빨리 포기하는 것, 실패를 깨끗이 인정하고 새로운 것에 빨리 도전하는 것"이라고 답했다.

어떻게 위기에 대처할 것인가?

위기가 왔을 때 가장 먼저 무엇을 해야 하는가?

본질은 강화하고 그 이외 것은 기꺼이 버리면서 '다시' 본질에 집중하는 게 필요하다. 본질은 고정된 것이 아니라 기업에 따라 제각각 고유한 의미로 존재한다. 의류 기업의 본질은 품질, 디자인, 가격 등 다양한 것이 될 수 있지만 자라 브랜드의 본질은 옷을 유통하는 '속도'이다. 자라 브랜드 대표 아만시오 오르테가는 "유행이란 항상 빠르게 변하므로, 옷과 유통이라는 본질 이외의 모든 것은 거품이다"라고 말한다. 위기에 직면하면 소비자가 처음 기업과 제품을 선택하게 만들었던 본질적인 부분을 재강화해야 한다. 본질 이외의 것은 과감히 버려야 하는 시간이다.

세상의 많은 모습이 독일 철학자 헤겔을 기반으로 한 정반합의 과정을 거쳐 형성된다. 애초에 하나의 주장인 정(正)이 존재한다. 연이어 모순되는 다른 주장인 반(反)이 등장하고, 이 둘은 더 높은 종합적인 주장인 합(合)에 통합되는 과정에 이른다. 기업 경영도 마찬가지다. 애초에 기업은 '정'의 모습을 띠었다. 그러나 환경에 적응하고 확장하며 도전하는 가운데 기존의 모습과는 다른 '반'으로 성장한다. 그대로 승승장구하면 금상첨화이지만, 기업들은 크고 작은 우기를 겪는다. 이때 관심을 기울여야 하는 것은 '합'의 상태에 이르는 것이다. 다시 본질을 강화하는 한편 변화하는 모습으로 재탄생해야 한다. 그렇다면 위기 이후 '정'과 '반'이 통합된 '합'을 이룬 기업들은 어떤가?

필름의 변신

"우리나 코닥이나 디지털 시대가 올 것이라는 사실을 알고 있었다. 차이는 우리는 무엇을 해야 할지 알았고 이를 실행했다는 것이다."

후지필름 CEO 고모리 시게다카(古森重隆)가 2012년 〈월스트리트저널〉과의 인터뷰에서 한 말이다. 〈월스트리트저널〉은 "많은 기업들이 무너지고 있는 상황에서 필름업체인 후지필름이 건재한 것은 경이로운 일"이라고 평가했다. 후지필름의 성공은 지난 수십 년간 세계 필름시장을 양분했던 이스트만 코닥의 몰락과 대조된다. 이 차이를 만든 사람이 고모리다.

1963년 후지필름에 입사한 고모리가 2003년 6월, CEO가 됐을 때 이미 회사의 경영 상황은 엉망이었다. 디지털카메라가 시장에서 인기를 끌면서 소비자들은 더 이상 후지필름의 제품을 찾지 않았다. 주력 분야인 필름 사업의 매출은 매년 절반으로 줄어들었다. 이런 상황에서 회사의 가장 많은 인원이 필름 부문에 배치돼 있었다. 고모리는 매일 저녁 임원들과 회사의 미래에 대해 토론했다. 임원들은 다양한 기능을 갖춘 디지털카메라를 개발해야 한다며 이 부문에 대한 투자를 대폭 늘려야 한다고 입을 모았다. 그러나 고모리는 침묵했다.

그는 엔지니어들에게 "다양한 기술자원을 바탕으로 새로운 사업 영역을 개척해보자"고 제안했다. 디지털시대의 생존 비결로 '사업 다각화'를 모색한 것이다. 사업 계획은 은밀히 진행됐다. 경쟁사들을 자극하지 않기 위한 것이었다. 시장 조사 및 차세대 사업 투자 등에 대한 연구가 1년 6개월 넘게 진행됐다. 2005년 고모리는 평판 디스플레이, 의료장비, 제약, 화장품 등에 대한 투자를 결심했다. 이 모든 사업에 카메라 필름 제조기술을 응용하기로 했다. 대신 전통의 필름 부문을 중심으로 5,000여 명의 구조조정도 단행했다.

이듬해인 2006년 10월 고모리는 회사를 지주회사 체제로 개편했다. 원래 사명이었던 '후지포토필름'에서 '포토(photo)'를 완전히 빼

버렸다. 과거와의 단절을 의미한 것이었다. 사진을 중심으로 한 비즈니스 포트폴리오를 다각화하겠다는 의지의 표현이기도 했다. 고모리는 "당시 내부에서 (나에 대해) 미쳤다는 얘기까지 나왔다. 새로운 분야에 투자하는 것을 모두가 두려워했다"고 회상했다.

그러나 사업확장의 근간인 필름 관련 기술은 버리지 않았다. 필름 개발과정에서 사용된 20만점의 화학물질을 활용, 제약·화장품 사업에 응용한 것이다.

2007년 후지필름이 내놓은 '아스타리프트'라는 화장품은 필름의 가장 중요한 재료인 '콜라겐'이라는 단백질을 인간의 피부에 적용해보자는 한 직원의 아이디어에서 출발했다. 사진의 변색을 막는 '아스타키산틴'이라는 항산화 성분도 피부 노화를 억제하는 데 효과가 있는 것으로 확인되자 여성 고객들 사이에 '아스타리프트'는 큰 인기를 끌었다.

그 덕분에 2007년 이 회사의 매출은 2조 8,468억 엔, 영업이익 2,073억 엔을 기록해 사상 최대 실적을 올렸다. 당시 〈니혼게이자이신문〉은 "1934년 설립 후 70여 년 동안 쌓아온 후지필림의 필름 제작 관련 화학 기술을 활용해 화장품 사업에서 성공했다"고 평가했다. 이와 함께 후지필름은 투명성과 얇은 두께, 균일한 표면을 유지해야 하는 필름 기술을 활용, LCD 패널 소재기업으로 변신하는 데도 성공했다.

고모리는 "필름을 만드는 데 적용하는 나노기술을 화장품과 의료기술 등에 접목시킨 것은 우리가 처음"이라고 말했다. 또 "죽는 것보다 차라리 수술해 사는 것이 낫다는 생각으로 변신을 시도했다"

고 덧붙였다.

매출 신화를 만든 영업 정지

세계 최대 커피체인으로 승승장구하던 스타벅스는 2007년 위기를 맞았다. 방문 고객 증가율이 사상 최저치로 떨어지자 주가는 추락했다. 과도한 매장 개점과 이에 따라 발생한 균일하지 않은 커피 맛이 문제였다. 불친절한 서비스에 대한 고객 불만도 늘었다.

2008년 2월 초 스타벅스 CEO 하워드 슐츠는 미국 시애틀 소재 스타벅스 본사에서 임원들과 회의를 하며 "떠난 고객을 잡기 위해 매장 문을 닫고 직원들에게 커피 만드는 법부터 다시 가르쳐야 한다"며 영업을 정지하겠다고 말했다.

"반나절 쉬면 매출이 600만 달러 줄어듭니다." 임원들은 매출 하락을 불러오는 영업 정지만은 안 된다고 버텼다. 슐츠는 단호했다. 3주 뒤인 26일 미국 전역의 7,100여 개 스타벅스 매장이 일제히 문을 닫았다. 매장 안에서는 바리스타들을 상대로 에스프레소 제조에 대한 재교육이 진행됐다.

슐츠는 CEO 자리를 떠난 지 8년 만인 2008년 1월 경영 일선에 복귀했다. 추락하고 있는 회사를 못 본척 할 수 없었다. 슐츠가 선택한 것은 영업 정지와 재교육이었다. 그로부터 2년 후 스타벅스 매출은 사상 처음 100억 달러를 돌파했다. 미국 매장 수는 1만 900개. 해외 매장 수는 6,000개로 늘어났다. 〈월스트리트저널〉은 "슐츠 없는 스타벅스는 생각할 수 없다"고 호평했다.

슐츠는 긴장의 끈을 놓지 않았다. 미국은 커피 브랜드들의 전쟁터이기 때문이다. 커피빈앤드티리프, 엔제리너스, 싱크커피(think coffee) 등 수십 개에 달하는 업체들이 엄청난 새로운 커피를 쏟아냈다. 슐츠는 '미국에서 즐기는 정통 이탈리아 에스프레소'라는 목표를 이루기 위해 바리스타의 역할과 커피 제조기법 정립에 묵묵히 심혈을 기울였다. 고객들은 변함없이 스타벅스를 찾았다.

거대한 기업의 다이어트

리미티드 브랜즈 CEO인 레슬리 웩스너는 현재 빅토리아 시크릿, 라 센자, 마스 앤드 보디 웍스, 헨리 벤델 등 7개 브랜드로 연간 100억 달러의 매출을 올리는 패션 기업의 수장이다. 그에게도 위기가 없지는 않았다. 1990년대 초 암흑기가 찾아왔고 리미티드 브랜즈는 운영 시스템이나 리더십이 없는, 단지 몸집만 큰 기업이 돼 있었다. 변화의 필요성을 뼈저리게 느꼈다. 그는 "리더가 단순한 투자자에서 팀을 이끌어가는 코치로 바뀌어야 했다"고 회상했다.

효율적인 경영을 위해 레인 브라이언트와 러너 뉴욕 브랜드를 매각했다. 아베크롬비&피치는 분사시켰고 1,700여 개 점포의 문을 닫는 등 대대적인 구조조정을 단행했다. 핵심 사업에 집중하기 위해 조직에 칼을 댄 것이다. 위기는 도전을 불러왔고, 도전은 또 다른 성공의 신호탄을 쏘아 올렸다. 알짜만 골라내 집중하겠다는 사업 초기의 마음으로 돌아가자 리미티드 브랜즈는 우량 기업으로 거듭났다. 2012년부터 빅토리아 시크릿 등의 브랜드는 사우디아라비아, 인도

등 신흥시장에 진출했다. 세계 경제가 어려웠지만 회사는 흔들리지
않았다.

언제 승부수를 던져야 하는가?

QUESTION

위기를 돌파하는 힘은 어디서 오는가?

ANSWER

위기라는 단어에는 수동적으로 회피하고 싶은 위협이라는 의미도 있지만, 동시에 적극적으로 대응하여 활용할 수 있는 기회라는 의미도 담겨 있다. 위기를 겪었으나 다시 성장한 기업들은 기업을 매각 또는 인수하거나 구조조정도 하는 승부수를 던지며 위기를 기회로 역이용했다. 위기에 멈추어 있으면 그대로 몰락하기 십상이다. 위기는 승부수를 던져야 하는 시간이며, 그 승부수가 벼랑이 아닌 정상을 향하기 위해서는 철저한 현실 검증이 필요하다.

1896년 상점으로 시작한 두산은 맥주 사업으로 승승장구했으나 1990년대 추격해오는 경쟁자로 인해 누적 적자를 겪었다. 두산은 멈추어 있기를 거부하고 과감히 움직였다. 식음료에서 중공업으로 기업의 큰 그림을 바꾸었다. 모태인 OB맥주를 과감히 팔아넘기고 3M, 코닥, 네슬레 등 소비재 합작사 지분을 매각했으며, 코카콜라 영업권도 넘겼다. 이를 통해 확보한 여유 자금으로 한국중공업을 인수했다. 그 이후 해외에서 영국 미쓰이밥콕(Mitsui Babcock, 보일러 원천기술업체)과 연대유화기계(중국 휠로더 생산업체)와 미국 CTI(친환경 엔진 원천기술), 미국 밥캣(bobcat, 굴삭시 제조판매)을 잇따라 인수하며 중공업 기업으로 입지를 다졌다.

두산은 이처럼 경쟁력을 잃은 사업 영역에서 성장 가능성과 수익성이 높은 사업으로 대전환을 했다. 발 빠르고 일관성 있게 추진한 결과 대성공을 거둘 수 있었던 것이다. 호랑이 굴에 잡혀가도 정신만 똑바로 차리면 살 수 있듯이 두산처럼 위기를 겪었으나 더 강해진 모습으로 돌아온 기업들이 있다. 바로 역경에 계산된 승부수를 던진 기업들이다.

소비자 관점에서 찾은 해법

2009년 6월 미국 최대 자동차 업체 GM이 파산했다. 미국의 자존심이 무너졌다는 얘기도 나왔다. 미국 자동차업계를 더 실망시킨 사건이 이어졌다. 이듬해 9월 자동차업계 경험이 전혀 없는 댄 애커슨이란 사람이 GM의 CEO로 임명된 것. GM 본사가 있는 미시건 주의 한 신문은 "애커슨이란 작자가 대체 누구냐(Who is this Akerson guy)?"라는 제목의 기사로 애커슨을 공격했다. 애커슨이 2000년 담낭수술을 받으러 독일에 갔다가 서비스가 마음에 들지 않는다며 스스로 팔에 연결된 호스를 빼고 미국으로 돌아왔다는 사실까지 들먹이며 자질에 의문을 제기했다.

2년 6개월 뒤, GM은 사상 최대의 순이익을 기록했다. 화려한 부활을 주도한 사람은 자동차에 대해 전혀 모르던 애커슨이었다. 그는 블룸버그통신과의 인터뷰에서 "초보자는 전문가들이 당연히 여기는 것에 대해 문제를 제기할 수도 있고, 그들이 고민하지 않았던 근본적 문제도 생각할 수 있기 때문에 오히려 경영에 도움이 될 것"이라고 말했고 그대로 이뤄냈다.

미국 재무부는 2009년 7월 애커슨을 GM 이사진에 파견했다. 애커슨은 세계 최대 사모펀드 칼라일에서 글로벌 M&A 책임자를 지냈다. 그의 M&A 경험이 GM 재생에 도움이 될 것이란 게 재무부의 판단이었다. 사모펀드는 기업을 인수·구조조정 등을 통해 재무구조를 건전하게 만든 뒤, 비싼 값에 재매각해 이익을 챙긴다. GM의 생존도 이 과정을 거쳐야 한다는 게 재무부의 판단이었다.

애커슨은 이사회 멤버로 회사 사정을 파악한 뒤, 2010년 9월

CEO 자리에 올랐다. 비(非)전문가 애커슨에 대한 우려는 가라앉지 않았다. 월스트리트의 한 애널리스트는 "애커슨은 자동차에 대한 배경지식이 없어 해결책을 얻어도 그게 정답인지도 모를 것"이라고 비아냥거렸다.

애커슨의 생각은 달랐다. 자동차 회사 CEO가 자동차의 세세한 부분까지 알 필요는 없다는 얘기였다. 그는 일반 소비자들의 관점에서 해법을 찾았다. 유가 상승과 실질임금 하락으로 고통을 겪는 운전자들의 고민을 해결하는 것이 중요하다고 생각했다. 전통적인 GM의 대형 차량보다 연비 효율이 높은 중·소형차 라인업을 강화한 것도 그가 전문가가 아니었기 때문에 가능한 일이었다는 평가다.

애커슨은 GM을 두 개의 회사로 분리해 회생시킨다는 재무부의 방침을 효율적으로 집행했다. 부실자산은 '배드 컴퍼니(bad company)'로 몰아 청산하고, 브랜드와 건전한 자산은 '뉴 컴퍼니'로 이관해 회사를 분리했다. 그리고 뉴 컴퍼니가 정부로부터 공적자금을 받아 새 출발을 하는 구조였다. 회사를 분리하는 것은 사모펀드 M&A에서 일반적으로 활용되는 방식이었다. GM의 자산을 가장 효율적으로 분리해 회생시키는 데 그의 사모펀드 경험이 큰 몫을 했다는 것이 미국 언론의 평가다. 2010년 11월 '뉴 GM'은 애커슨의 지휘 아래 재상장에 성공했다.

애커슨은 자신과 비슷한 상황을 겪은 성공 사례에서 답을 찾는 노력도 했다. 그는 CEO에 임명된 뒤 IBM의 전설적 경영자인 루 거스너(Louis V. Gerstner)를 찾았다. 거스너는 미국 최대의 제과업체 나비스코(Nabisco) 출신으로 1993년 빈사 상태에 빠져 있던 '공룡' IBM

사장을 맡아 미국 기업 역사상 가장 극적인 반전을 일궈냈다. 애커슨을 만난 거스너는 "경쟁력 있고 풍부한 경험을 갖춘 낙관론자를 중용하라"고 조언했다. 애커슨은 이를 받아들였다. 미국에서 현대자동차 돌풍을 일으킨 주역 조엘 이와닉을 영입, 글로벌 마케팅 책임자로 임명했다. 인사 담당이던 메리 바라를 상품개발 담당 부사장으로 기용하는 파격 인사도 단행했다. GM 직원들이 뭔가 변하고 있음을 느끼는 순간이었다.

그는 비용 절감책도 찾았다. 플랫폼(차 뼈대) 표준화였다. 자동차 모델 하나를 개발하는 데 들어가는 비용은 수천억 원에 이른다. 그러나 하나의 뼈대로 겉모습이 다양한 차종을 만들면 개발 비용이 줄어들 수밖에 없다. 폭스바겐, 현대차 등이 이를 통해 비용 경쟁력을 확보한 것을 애커슨은 잘 알고 있었다. 이 같은 노력은 판매 증가로 이어지며 GM은 곧 흑자로 돌아섰다. 2011년 GM 순이익은 전년보다 65% 증가한 76억 달러를 기록했다. 창립 103년 역사상 최대 규모였다.

회사가 흑자 기조로 전환한 뒤에도 그는 긴장의 고삐를 늦추지 않았다. 2011년 6월 미국 디트로이트의 GM 본사. 디자인과 기술부문 핵심인력 400여 명이 애커슨과 마주 앉았다. 애커슨은 GM이 낡은 관료주의적 타성에서 벗어나 더 열심히 일해야 한다고 강조했다. "5년 전에 GM이 어땠는지 돌아봅시다. 지금도 우리는 전쟁 중입니다"라며 직원들을 독려했다.

애커슨은 해군사관학교를 졸업한 대위 출신이다. 1970년 폭파병으로 베트남전에 참전한 그는 대위로 제대한 뒤, 통신회사 MCI와 넥스텔을 거쳐 칼라일그룹에서 일했다. 해군 대위 출신답게 경영도 공

격적으로 했다. GM 회생에 불필요하다고 판단한 폰티악(Pontiac)·
새턴(saturn)·허머(hummer)·사브(Saab) 4개 브랜드를 정리하고 2만
1,000여 명을 해고했다. 생산성이 떨어지는 14개 공장도 폐쇄했다.

기업 부활의 신

일본전산(日本電産)은 일본 교토의 시골 창고에서 모터제조업체로 시
작해 현재 140개의 계열사, 직원 30만 명을 거느린 대기업으로 성
장한 회사다. 이 회사의 CEO인 나가모리 시게노부(永守重信)는 1973
년 회사를 설립한 이후 M&A를 통해 규모를 크게 키웠다.

창업 초기 직원도 구하기 어려웠던 일본전산에게 대기업과 계약
을 맺는 것은 상상하기도 어려운 일이었다. 하지만 나가모리는 '즉
시 한다, 반드시 한다, 될 때까지 한다'는 지침으로 새 길을 열었다.

그는 '스피드 경영'을 강조한다. "속도가 사업의 50%를 차지한
다"며 "납기일은 무조건 다른 회사의 절반으로 한다"는 원칙을 세웠
다. 다른 기업들이 가격 인하를 내세운 것과는 대조적이다. 가격 경
쟁을 벌이는 것은 결국 제살 깎아먹는 일이기 때문이다. 나가모리는
납기일 단축을 위해 근무 시간을 하루 16시간으로 정했다. 다른 업
체보다 두 배로 일하면 가능하다는 계산이었다. 그의 생각은 적중했
다. 납기일뿐만이 아니었다. 1975년 일본무선주식회사로부터 "빠른
업무 처리를 위해 도쿄에 사무소를 설치해달라"는 요청을 받고 1주
일 만에 사무소를 개설하기도 했다.

그는 '반드시 될 때까지 한다'는 원칙도 고수한다. 무슨 주문을

받든 무조건 "된다"고 대답한다. 대기업으로부터 첫 수주를 받은 것도 그 덕분이었다. 그는 한 대기업으로부터 3개월 안에 모터 크기를 반으로 줄여 달라는 주문을 받았다. 일본전산에 주문할 생각이 없다는 뜻이었다. 일본전산은 그들의 예상대로 끝내 절반으로 줄이진 못했다. 그러나 18%를 줄이는 데는 성공했다.

그 결과를 들은 대기업은 그 정도 줄인 것도 기적과 같다며 일본전산과 거래를 시작했다. 같은 방식으로 일본전산은 3M, IBM 등 세계적인 기업으로부터 수주를 받았다. 나가모리는 "직원들에게도 안 된다는 말은 절대 하지 못하게 한다"며 "불가능하다는 말은 핑계일 뿐이란 생각이 오늘의 일본전산을 만들었다"고 강조했다.

나가모리는 '기업 부활의 신'으로 불린다. 1984년 미국 기계업체 토린을 인수한 뒤 지금까지 29개의 회사를 사들였다. 그의 손에 들어간 모든 회사는 1년 안에 흑자전환에 성공했다. 이 같은 신화에는 그의 '호통 경영'이 한몫했다. 2003년 나가모리는 일본전산에 매각된 산쿄정기(三協精機)의 직원들에게 크게 꾸지람을 했다. 적자를 낸 탓에 기업이 매각된 것을 반성해야 한다는 취지였다. 직원들은 고개를 숙인 채 나가모리의 말을 듣고 있었지만 자존심은 크게 상했다.

"지금까지 해오던 대로 열심히 일을 해달라"는 형식적인 말은 한마디도 없었고, 치욕적인 질책이 이어졌기 때문이다. 산쿄정기는 기술력으로 유명한 기계제조 업체였으나 막대한 적자를 감당하지 못해 규모가 더 작은 일본전산에 팔렸다. 하지만 1년 뒤, 산쿄정기는 흑자로 돌아섰다. 꾸지람을 했던 나가모리에게 불만을 품는 직원들은 아무도 없었다. 그들은 "이 모든 게 나가모리 사장 덕분"이라며 극찬했다. 적자에 시달리던 회사를 구조조정도 하지 않고 1년 만에 되살려냈기 때문이다.

나가모리는 직원들에게 "못 해내면 죽을 각오를 하라"는 '협박'과 질타를 일삼는 것으로 유명하다. 그래도 일본 기업들 중에서 이직률은 최저 수준이다. 개인적인 감정으로 혼내는 것이 아니기 때문이다. 좋은 성과를 낼 때는 확실하게 보상해준다. 꾸지람을 들은 뒤 더 분발해 좋은 성과를 내면 인사에 반영한다. 이 때문에 일본전산에서는 후배가 상사가 되는 경우가 많다.

나가모리의 M&A 비법은 오직 '기술력'만 보고 사들이는 것이다. 많은 사람들이 정상화시킬 수 없다고 얘기해도 기술력만 탁월하면 회사를 매수했다. 그것도 회사 돈이 아니라 나가모리 자신의 돈을 투자하여 혼자 위험을 떠안았다. 나가모리가 세운 원칙 중 하나는 적대적 M&A는 절대 하지 않는 것이다. 인수 대상 회사의 직원들이 M&A에 모두 동의할 때까지는 사인을 하지 않는다. 나가모리는 "적대적으로 인수한 회사 직원들에게 열심히 일하라고 해도 큰 효과가 없기 때문"이라고 말한다.

100% 안전한 판단은 없다

하세가와 야스치카(長谷川閑史)가 다케다약품(武田藥品)의 수장이 된 뒤, 가장 공을 들인 분야는 해외기업 M&A였다. 이를 위해 창업주 가문이 지켜왔던 '무차입 경영' 원칙을 깼다. 2008년 밀레니엄 인수에 9,000억 엔을, 2011년엔 나이코메드 인수에 1조 1,086억 엔이란 거액을 각각 쏟아부었다. 밀레니엄과 나이코메드를 자회사로 편입할 당시 해당 회사 직원들을 정리해고 하지 않고 모두 다시 고용했다. 이 과정에서 외부 자금을 빌렸다.

국제적인 신용평가회사 무디스는 다케다약품이 무차입 경영 원칙을 어겼다는 점을 들어 2012년 신용등급을 Aa1에서 Aa3로 두 단계 강등했다. 다만 M&A의 시너지 효과가 기대된다는 점을 인정해 향후 전망은 '안정적'이라고 밝혔다. 흑자 경영을 지속하고 있는 데다 자기자본비율이 54.6%로 재무상태가 건전하다는 점도 긍정적인 전망 유지에 한몫했다. 다케다약품은 2012회계연도(2012년 4월~2013년 3월) 매출이 전년보다 3.2% 증가한 1조 5,573억 엔, 순이익은 5.7% 늘어난 1,312억 엔을 기록했다.

하세가와는 잇따른 초대형 M&A에 대한 부담감이 없느냐는 일본 언론들의 질문에 "아무것도 하지 않은 채 안주하며 서서히 몰락하는 것보다는 앞으로 나아가면서 겪는 위험부담이 낫다. 100% 안전한 판단은 시장에 없다"고 강조했다. 이어서 "밀레니엄 인수는 항암치료 신약 개발 분야를 강화하기 위해서, 나이코메드 인수는 신흥국 시장점유율 확대 차원에서 각각 한 것이었다"며 "두 회사의 M&A 목적이 다르기 때문에 둘 중 하나를 포기한다는 건 있을 수 없었다"고 설명했다.

왜 기다려야 하는가?

아이린 로젠펠드(Irene Rosenfeld)는 뚝심 있게 옳다고 생각하는 원칙을 고수하는 CEO로 유명하다. 2009년 크래프트 푸드(Kraft Foods)는 영국의 제과업체 캐드베리(Cadbury)를 인수하겠다고 발표했다. 캐드베리 인수에 앞서 그는 〈파이낸셜타임스〉 기자로부터 질문을 받았다. "왜 지금 캐드베리를 인수하려 하는가?" 로젠펠드는 단호하고 조용한 말투로 반문했다. "왜 기다려야 하는가?"

로젠펠드는 2006년 CEO가 된 직후부터 3년간 캐드베리 인수를 준비해왔다. 중국 등 신흥시장에서 제과 수요가 늘어날 것이 분명한데 넋 놓고 기다릴 수 없었기 때문이다. 그는 공격적인 대응이 필요하다고 판단하자 계획을 거침없이 실행에 옮겼다.

당시 제시한 금액은 170억 달러였다. 캐드베리는 경영난에 시달리고 있었지만 인수과정은 순탄치 않았다. 노조의 반대에 부딪쳤다. 노조 측은 "두 회사가 합병될 경우 구조조정으로 실업자가 발생해 브랜드 이미지에 큰 타격을 입을 것"이라며 반대했다. 로젠펠드는 흔들리지 않았다. 경쟁사가 캐드베리에 눈독을 들이고 있다는 소식을 듣자 인수가격을 190억 달러로 올렸다.

이번엔 크래프트 푸드의 대주주이자 벅셔해서웨이(Berkshire Hathaway Inc.) 워런 버핏 회장이 반대하고 나섰다. 190억 달러는 너무 과하다는 게 이유였다. "이사회가 책임감을 상실했다"며 실망한 버핏 회장은 크래프트 주식을 처분해버렸다. 하지만 로젠펠드는 뚝심으로 밀어붙였다. 2010년 1월 190억 달러에 캐드베리를 인수하는 데 성공했다.

신흥시장의 성장을 예상한 그의 선택은 옳았다. 캐드베리가 갖고 있는 유통망과 새로운 상품 덕에 2010년 크래프트 푸드 매출은 전년보다 27%나 늘었다. 순이익도 40억 달러를 넘어섰다.

도전정신으로 과감히 바꾼다

로젠펠드는 어린 시절 꿈이 대통령이었을 정도로 당찬 소녀였다. 아버지로부터 다양한 운동을 배우며 어려서부터 다양한 스포츠를 즐겼다. 스포츠에 자질이 있던 그녀는 1971년 코넬대학교에 입학해 대학 농구선수로 활동할 정도로 운동을 좋아했다. 그녀는 "점수를 잃는 데 대처하기 위한 최선의 방법은 그것으로부터 뭔가를 배운다고 확신하는 것이다. 그러면 다음 경기 때 더 높은 점수를 얻게 될 것"이라고 말하곤 했다. 그녀의 뚝심과 승부욕, 도전정신은 스포츠에서 나왔다는 평가가 나올 만한 대목이다.

하지만 시련은 대학 1학년 때 찾아왔다. 첫 학기 다리 부상으로 농구를 그만두게 된 것이다. 그러나 시련은 그녀에게 다른 기회로 다가왔다. 1975년 졸업 후 코넬대학교 경영대학원(MBA)에 진학해 마케팅과 통계학을 배웠다. 대학원 졸업 후 홍보회사에 취직해 일하다가 1981년 크래프트 푸드의 전신 제너럴 푸드에 입사했다. 이후 크래프트 푸드의 캐나다 멕시코 푸에트리코 북미지역 대표를 지냈다.

2000년엔 식품업체 나비스코 인수를 주도하기도 했다. 하지만 2003년 로저 드로메디(Roger Deromedi)가 CEO로 임명된 뒤 회사를 떠나 경쟁사인 프리토레이 CEO로 자리를 옮겼다. 그리고 3년 뒤 친정으로 복귀해 CEO 자리에 올랐다. 2011년에는 크래프트 푸드를 두 개로 분리하는 결정을 내렸다. 회사를 분리하면서 안정적인 북미법인 CEO가 아니라 글로벌 스낵법인 CEO를 자청했다. 신흥국 개척을 위해 CEO가 과감히 나선 것이다. 이 같은 도전정신으로 그녀는 2011년 영국 〈파이낸셜타임스〉와 미국 경제전문지 〈포천〉이 선정한 세계 50대 여성 기업인 중 1위를 차지했다.

한물간 IBM을 사다

중국 최대 기업이자 세계 3대 컴퓨터 제조회사인 레노버를 창립했으며 중국의 빌 게이츠라 불리는 류촨즈(柳傳志)는 1944년 중국 장쑤(江蘇)성 전장(鎭江)에서 태어났다. 1966년 시안전자과학기술대를 졸업하자마자 문화대혁명을 맞았다. 수년간 집단농장에서 농사일을 하다 1970년 베이징 중국과학원 산하의 컴퓨터기술연구소 연구원으로 부임하며 과학 연구에 매진하기 시작했다.

연구자의 길을 걷던 1984년, 40세의 나이에 일생일대의 기회를 맞았다. 1980년대 초부터 베이징 중관춘 일대에 IT업체들이 속속 생기면서 연구소 소장이 일종의 사내 벤처 설립을 추진한 것이다. 그는 한 치도 망설이지 않고 회사를 책임지겠다고 나섰다. 레노버의 전신인 '컴퓨터기술연구소 신기술발전공사'의 출발이었다. 10명의 동료 연구원과 연구소 경비초소로 쓰이던 23m²짜리 벽돌건물이 그에게 주어진 업무공간의 전부였다.

류촨즈는 당시 심정을 이렇게 회고했다. "대학을 졸업하자마자 문화대혁명이 시작돼 뭘 하고 싶어도 할 수 없어 마음이 분하고 답답할 수밖에 없었다. 개혁 · 개방으로 외국 문물이 소개되면서 그간 연구해온 것이 얼마나 보잘것없는지도 알게 됐다. 그러던 차에 새로운 기회가 왔고, 도저히 놓칠 수 없었다."

외국 부품을 들여와 컴퓨터를 조립 · 생산하고 해외 PC를 수입해 판매하기도 했지만, 곧 벽에 부딪혔다. 자체 PC를 만들고 싶었지만 중국의 계획경제 체제로 국가가 정한 제품만 만들어야 했던 탓이다.

돌파구는 홍콩이었다. 1988년 30만 홍콩달러(약 4,000만 원)를 갖고 홍콩으로 옮겨가서 PC 개발에 매진했다. 1990년 마침내 286컴퓨터를 자체 생산하는 데 성공했다. 이후 류촨즈와 레노버는 성장가도를 달렸다. 1996년 PC 가격전쟁을 주도하며 경쟁업체들을 주저앉히고 중국 내 1위 컴퓨터 제조업체로 올라섰다.

2004년 류촨즈(柳傳志) 회장은 IBM PC 부문을 통째로 인수했다. 그것도 "한창 성장하는 레노버에게는 한물간 IBM의 PC 사업 부문이 도움 되지 않을 것"이라는 내외부의 반대를 무릅쓰고 나온 결과였다. 20여 년 만에 개발도상국의 '을'이 한때 '갑'이던 글로벌 기업을 집어 삼켜버린 것이다.

물론 이 같은 '기적'은 레노버를 세계적인 기업에 올려놓을 수 있을 정도로 크게 성장한 중국 내수의 힘이 컸다. 하지만 모든 중국 기업들이 레노버와 같은 성공을 거둔 것은 아니듯 류촨즈의 경영에는 특별한 것이 존재했다.

휴렛팩커드(HP)와 세계 프린터 시장을 놓고 경쟁할 때 이 같은 특징은 두드러졌다. 1990년대 HP가 우위를 점하고 있던 레이저프린터 제품을 출시했던 레노버는 여러 번 좌절했다. 한번 비슷한 성능의 제품을 개발하면 HP는 곧 한층 업그레이드된 제품을 만들어 다시 앞서 나갔기 때문이다. 하지만 레노버는 곧 다른 기능을 갖춘 프린터를 개발해 HP를 따라잡을 수 있었다. 엔지니어 출신으로서 연구 · 개발의 기초를 강조한 류촨즈의 경영철학 때문이었다. 그는

"기업의 연구·개발 역량은 막대기를 세우는 것처럼 빨리 올리기보다는 성처럼 한층 한층 쌓는 것이 중요하다"며 "단순히 HP의 제품을 복제하려고 했다면 시간은 더 빨랐겠지만, 이 같은 대응은 불가능했을 것"이라고 설명했다.

일찍부터 글로벌 기업 못지않은 경영전략을 수립한 것도 중요한 이유다. 류촨즈는 초창기에 서구식 경영기법을 도입해 다른 중국 기업들과 차별화되는 경쟁력을 갖췄다. 회사를 방문한 많은 이들이 선진 기업과 큰 차이를 느낄 수 없는 것도 이 같은 이유 때문이다. 류촨즈는 "단순히 선진기업의 노하우를 받아들이는 것을 넘어 중국 실정에 맞는 경영전략으로 발전시키려 노력했다"며 "서구 회사들은 단순히 메뉴에 따라 음식을 잘 만드는 데 머물러도 되지만 시시각각 바뀌는 중국 상황에 대응하려면 레노버는 그때 그때 맞는 메뉴를 스스로 만들 줄 알아야 되기 때문"이라고 설명했다.

레노버 CEO 양위안칭(楊元慶)의 고속 승진은 류촨즈의 이 같은 철학이 잘 반영된 결과다. 서구 기업 못지않은 성과 및 능력 중심의 인사 평가로 양위안칭은 입사 5년차이던 29세 때 핵심사업인 컴퓨터 사업본부장에 올랐다. 이후 2001년 사장, 2005년에는 CEO로 레노버를 이끌게 됐다.

레노버가 다양한 영역에서 새로운 일을 전개할 수 있었던 것은 젊은 인재들을 잘 활용했기 때문이다. 류촨즈 회장은 자신이 가진 전략적 판단과 빠른 의사결정을 강점으로 활용하면서 미래 기술에 대한 통찰력은 젊은 인재들을 통해 발휘했던 것이다.

05

왜 직원을 더 존중해야 하는가?

QUESTION

어떻게 직원들에게 주인의식을 불어넣을 수 있는가?

ANSWER

흔히 '고객이 왕'이라는 구호는 '직원은 고객의 하인'이라는 결론으로 이어지기 십상이다. 그러나 직원이 왕 대접을 받을 때 자연스레 고객 또한 왕 대접을 받을 수 있다. 실제로 주인이 아닌 직원에게 주인의식만을 강요하는 것은 허무맹랑한 외침이기 일쑤다. 하지만 직원을 진짜 주인으로 대접할 때 직원이 주인의식을 가지게 될 가능성은 높아진다.

허스트그룹의 프랭크 베넷 회장은 인재를 중요시한다. 그는 개성이 강하고 까다롭기로 유명한 방송계의 사람들과 쉽게 친해졌고, 포용하는 데 능숙했다. 토크쇼 진행자인 오프라 윈프리와 함께 〈오프라 매거진〉이란 잡지를 만들었고, '어프랜티스' '서바이버' 등 인기 리얼리티쇼의 프로듀서인 마크 버넷과 합작회사를 세우기도 했다. 패션잡지 〈코스모폴리탄〉을 인수, 패션계의 거물이자 편집자였던 헬렌 걸리 브라운과도 함께 일했다.

베넥은 어떻게 다양한 분야의 인물들을 포섭하고 무난한 업무 관계를 유지할 수 있었느냐는 질문에 이렇게 답했다.

"나는 사람들을 존중과 존경으로 대합니다. 그들을 부린다고 생각지 않습니다. 또한 똑똑한 사람들과 있으면 항상 뭔가를 배울 수 있습니다. 방송업계 사람들은 독특하지만, 굉장히 영리하죠. 항상 그들에게 많은 것을 배운다고 생각합니다. 그러면 누구와도 일할 수 있죠."

훌륭한 리더가 어떤 모습인지에 대해서는 조직과 개인에 따라 다를 수 있다. 하지만 회사를 주인처럼 사랑하는 사람이 훌륭한 직원이라는 사실은 부정하기 힘들 것이다. 모든 기업은 회사의 비품을 아끼는 소소한 것에서부터 조직의 성장을 위해 자신이 가진 것을 모두 쏟아붓는 직원을 원한다. 하지만 주인의식을 가진 직원을 키우기란 쉽지 않다. 업무 능력이 탁월한 것을 뛰어넘어 조직에 대한 깊은 애정이 있어야 하기 때문이다.

주인의식을 가진 직원이란 원래부터 존재하는 것이 아니라 회사가 만드는 것이다. 사랑받으려면 사랑스러운 행동을 해야 하듯, 직원의 애사심을 원한다면 기업이 먼저 사랑을 줘야 한다. 직원이 주인이 되기를 원한다면 기업이 먼저 직원을 주인으로 대접해야 한다. 주인의식이 있는 직원을 키우는 최선의 방법은 직원을 고객보다 더 많이 존중하는 일이다.

존중받는 직원이 고객도 사랑한다

대니 메이어는 뉴욕 변두리에서 레스토랑 사업을 시작해 유니언스퀘어 호스피탤리티 그룹(USHG) CEO가 된 자수성가형 사업가다. 현재 USHG에는 10여 개의 레스토랑과 1,500명이 넘는 직원들이 소속돼 있다. 2005년 메이어는 최고의 레스토랑 경영자에게 주는 제임스 비어드 상(James Beard Foundation Award)을 받기도 했다.

그의 성공에는 고객뿐만 아니라 직원들을 왕처럼 대접한다는 독특한 경영방식이 한몫했다. 첫 레스토랑이었던 '유니언스퀘어 카페'는 비교적 성공적이었다. 하지만 이후 치열한 경쟁으로 수익성은 악화돼 고전하기도 했다. 두 번째로 개업한 레스토랑 '그레머시터번'도 어려움을 겪기는 마찬가지였다. 고객들이 서비스가 엉망이라며 항의하는 소동도 벌어졌다. 두 곳의 레스토랑을 경영하다보니 효율성이 떨어진 결과였다. 슬픈 일도 겹쳤다. 메이어의 아내가 쌍둥이를 조산했지만 태어난 지 8시간 만에 하늘나라로 가고 말았다.

큰일을 겪은 뒤 메이어는 자신과 같은 처지인 직원들을 배려하는 것이 더 중요하다는 것을 깨달았다. 직원이 행복하지 않으면 회사가 잘될 수 없다는 결론이었다. '고객 중심의 경영 방식'에서 '직원 중심의 경영 방식'으로 전환을 시도했다. 주인의식이 있고 자부심이 넘치는 직원들이 고객을 잘 대접하고, 단골 고객도 확보할 수 있다고 생각했다. 메이어는 이것을 '합리적 배려(enlightened hospitality)'라고 불렀다.

메이어는 직원들에게 자신이 존중받고 있다는 느낌을 받게 해주려고 애썼다. 모든 직원들에게 한 달에 한 번 그룹 레스토랑 가운데 한 곳에서 식사할 수 있는 초대권을 나눠줬다. 직원들은 레스토랑을 다녀온 뒤 설문에 응하기만 하면 됐다. 이들의 설문을 경영에 참고했다. 일선 레스토랑 매니저들도 차츰 메이어의 경영철학을 이해하기 시작했다.

어느 더운 여름날 뉴욕 맨해튼의 '일레븐매디슨파크' 레스토랑에서 에어컨이 고장났다. 예약한 고객이 100명이 넘었고 실내온도는 30도를 넘어섰을 때였다. 레스토랑 매니저는 예약담당 직원들을 위해 선풍기 두 대를 사왔다. 직원들이 친절하게 전화를 받을 수 있도록 배려한 것이었다. 그리고 근처 쇼핑센터에서 사온 건전지로 움직이는 미니 선풍기를 고객들에게 선물했다. 더위에 지친 고객들에게 색다른 경험을 선사하려는 '배려'였다.

기업 규모가 커지자 메이어는 직원 채용에 더 많은 신경을 썼다.

그는 "우리 회사 직원은 기술적 능력이 49%, 감성적 능력이 51%가
돼야 한다"고 강조했다. 감성적 능력은 '스스로 잘하고자 하는 의
지'를 말한다.

주문을 받거나 음식을 만드는 등 기술적 능력은 시간이 지나면 향
상될 수 있다. 하지만 감성능력은 훈련으로 키우는 것이 불가능하다
고 생각했다. 그래서 애초에 잘 뽑아야 한다고 믿었다. 관리자들에
게 지원자들이 홀이나 주방에서 어떻게 일하는지 관찰하고 점수를
매기도록 했다. 주로 관찰한 것은 마음을 다해 고객을 대하는지 여부
였다.

이렇게 선발된 직원들은 고객 '배려' 측면에서 탁월한 역량을 발
휘했다. 직원들은 고객의 결혼기념일, 생일 등을 꾸준히 관리해 15
만 명이 넘는 고객 데이터베이스를 확보했다. 이 정보를 활용해 메
이어는 같은 직종에 종사하거나 공통점이 있다고 생각되는 고객들
이 서로 가까이 앉아 식사하도록 해줬다. 유니언스퀘어 카페에서 한
출판업자가 식사를 하다 다른 출판업자를 보면 '여기는 출판업자들
이 주로 점심을 먹으러 오는구나'라고 생각할 수 있도록 유도한 것
이다.

메이어의 사업은 계속 번창했다. 2003년 USHG의 CEO로 취임
했다. 2004년에는 버거와 핫도그, 아이스크림을 파는 매점인 '쉐이
크쉑'을 열었다. '쉑쉑버거'로 유명한 이 가게는 지금도 기본 대기시
간이 20~30분 걸릴 정도로 인기가 높다. 같은 해 USHG는 뉴욕현
대미술관(MoMA)에도 입성했다. '카페2' '테라스5' '더모던'과 같은
레스토랑과 카페들도 미술관에 문을 열었다.

직원은 최고의 자산

"고객들이 왜 생선을 안 사는지 아십니까. 생선을 어떻게 조리해서 먹어야 하는지 모르기 때문입니다." 미국 식료품 체인 웨그먼스의 CEO 대니 웨그먼의 말이다. 그는 고객들이 가정에서 음식을 쉽게 요리하도록 웨그먼스 매장 곳곳에서 직원들이 요리법을 알려준다. 이를 통해 식료품 수요를 창출할 수 있다고 봤다.

웨그먼은 때때로 세계 정상급 요리사들을 불러 요리 기법을 시연하도록 했다. 또한 고객들에게 권장 식단과 조리법을 담은 전단지 등을 만들어 배포하는 배려도 잊지 않았다. 이 지시에 따라 웨그먼스는 식품이 어디에서 왔고, 어떻게 재배됐으며, 어떤 조리법이 좋은지 등 재밌는 정보를 연구해 고객들에게 알려준다.

웨그먼의 고객 중심 마인드는 웨그먼스의 문화가 됐다. 한 고객이 추수감사절에 쓸 칠면조가 너무 커서 집에 있는 오븐에 들어가지 않는다며 웨그먼스를 찾아 도움을 구했다. 웨그먼스의 요리사는 매장에 있는 오븐을 이용해 칠면조를 구워줬다.

웨그먼스 직원들이 고객들에게 이처럼 헌신적인 서비스를 제공할 수 있는 것은 직장에 대한 만족도가 높기 때문이다. 웨그먼은 직원들에게 "매뉴얼에 적힌 규정에 연연하지 말고 각자의 판단에 따라 창의력과 재능을 발휘하라"고 말한다. 한 페이스트리 요리사에게 이전 레스토랑의 급여 조건이 괜찮았는데 웨그먼스에 온 이유를 물었다. 그는 "농담하십니까. 레스토랑에 있는 제 친구들은 모두 이곳으로 오고 싶어합니다. 레스토랑에서 일할 때보다 훨씬 창조적으로 일하고 있거든요"라고 답했다.

웨그먼스는 정규직원에게는 4년간 매년 2,200달러씩, 시간제 직원에게는 최대 1,500달러씩 장학금을 지원하고 있다. 덕분에 1998년부터 매년 〈포천〉이 선정하는 '가장 일하기 좋은 직장' 명단에 올랐다. 2005년엔 미국에서 가장 행복한 직장으로 선정되기도 했다. 웨그먼은 "직원들은 고객 만족을 위한 우리 자산 그 자체"라며 "우리가 가장 역점을 두는 것은 바로 직원들"이라고 강조했다.

직원은 동업자다

스타벅스에서는 직원들을 '파트너'라고 부른다. '종업원(employee)'이 아닌 '동업자'로 규정하는 것이다. 직원들은 회사의 열정을 고객에게 전달할 책임을 지닌 사람들이라는 슐츠의 경영철학 때문이다. 회사 인사제도에도 이 철학이 고스란히 반영돼 있다. 모든 파트타임 종업원들과 그의 가족들에게 종합적인 의료혜택을 주고 있다. 종업원을 사업의 동반자로 만든 스톡옵션제도인 '빈 스톡(Bean Stock)' 제도도 도입했다. 그 결과 경쟁업체 이직률이 연간 150~400%인 것에 비해 스타벅스는 60~65%로 상대적으로 적다. 매니저급의 이직률은 다른 소매점의 절반인 25%에 불과하다. 이런 슐츠의 철학은 의료보험 혜택을 받지 못하고 죽어가는 아버지를 그냥 보고만 있어야 했던 그의 어린 시절 경험이 반영됐을 것이다.

06

인재를 어떻게 활용할 것인가?

직원의 역량을 향상시키려면 어떻게 해야 하는가?

당장 가시적으로 보이는 능력뿐 아니라 직원들의 보이지 않는 잠재력까지 믿고 기다리고 성장시키는 회사의 의지가 중요하다. 회사는 직원을 지금 당장 쓰고 버리는 소모품으로 보는 것이 아니라, 장기간을 함께할 라이프 파트너로 여기고 긴 안목으로 한 단계 한 단계 성장하도록 이끌어줘야 한다. 불가피하게 회사를 떠나게 될지라도 그 이후까지 고려해 키워주는 배려가 필요하다.

김춘수의 시 〈꽃〉은 회사와 직원의 관계와도 같다.

내가 그의 이름을 불러 주었을 때

그는 나에게로 와서

꽃이 되었다.

직원들은 모두 한 송이의 꽃이다. 직원들은 모두 의미 있는 성장을 이룰 준비가 되어 있는 존재들이다. 중요한 것은 직원들을 잘 성장시키고 키워주고자 하는 회사의 관심과 의지다.

말단 직원을 CEO로 키우다

"직원에 대한 애정과 투자가 기업 혁신의 원동력이 된다." 세계 3대 물류회사 중 하나인 페덱스의 프레드릭 스미스 회장이 가장 중요하게 생각하는 경영방침이다. 그는 "창조성을 높이는 최고의 방법은 직원을 최우선으로 생각하는 것"이라며 "직원 다음에는 서비스를, 그 다음으로는 수익을 추구하는 것"이라고 말했다.

스미스 회장은 유산으로 받은 4만 달러로 페덱스를 창업해 39년 만에 DHL, UPS와 함께 세계 3대 물류회사로 키워냈다. 페덱스의 2011년 매출은 593억 달러였다. 전 세계 직원만도 약 30만 명. 약 700대의 항공기를 보유하고 있으며 하루 운송 물량은 650만 개에 달한다.

페덱스는 2012년 〈포천〉이 선정하는 '세계에서 가장 존경받는 기업' 6위에 올랐다. 2001년부터 12년째 20위권 안에 머물고 있다. 버락 오바마 미국 대통령도 가장 존경하는 기업인으로 프레드릭 스미스 회장을 꼽을 정도다.

스미스 회장이 가장 중요하게 생각하는 경영방침은 직원들을 격려하는 것이다. 그는 직원들이 좋은 아이디어를 내놓거나 높은 성과를 거뒀을 때는 화물 수송기에 본인이나 자녀의 이름을 새기도록 하기 때문에 애사심이 높아질 수밖에 없다. 페덱스의 이직률은 5% 미만으로 업계 최저 수준이다. 스미스 회장은 이 같은 철학을 'PSP'라고 요약했다. 내부 고객인 직원들(People)이 만족하면 이들의 고객 서비스 질이 향상되고 이를 통해 소비자가 만족하면 회사의 수익(Profit)이 늘어난다는 것이다. 직원들에게 '당신은 우리 회사에서 매우 중요한 사람'이라는 메시지를 지속적으로 전달하면 혁신적인 서비스가 나올 수 있다는 것이다.

스미스 회장은 직원 교육에도 투자를 아끼지 않는다. 모든 페덱스 직원들은 연간 2,500달러까지 교육비를 지원받는다. 연간 페덱스가 직원 교육에 투자하는 비용은 약 2,000만 달러다. 대학이나 대학원에 진학하면 추가로 학비를 지원한다. 스미스 회장은 "많은 교육을 받은 직원들이 더 좋은 서비스를 제공하는 것은 당연하다"고 말했다.

직원들을 가장 우선시하는 기업문화는 말단 직원을 경영진으로 키우는 페덱스 특유의 인사시스템으로 이어졌다. 임원의 약 60%가 말단 직원부터 차근차근 승진한 사람들이다. 페덱스에는 외부에서 임원으로 영입된 사람이 많지 않은 것도 같은 맥락이다. "오래 근무한 직원들이 회사를 더 잘 알고 애사심이 높다"는 게 스미스 회장의 지론이다.

페덱스 육송 부문을 담당하는 페덱스그라운드의 CEO 데이비드 브론작(David Bronczek)은 1976년 페덱스 밀워키 지점에서 차를 닦고 물건을 나르던 직원이었다. 마이클 더커 페덱스 인터내셔널 대표도 시간 당 2달러 81센트를 받는 화물처리 요원으로 페덱스 생활을 시작해 CEO 자리에 올랐다.

누구에게나 문은 열려 있지만 아무나 임원이 될 수는 없다. 평직원에서 중간관리자급인 매니저로 승진하면 미국 멤피스 본사에 있는 리더십 연구소에서 혹독한 교육을 받는다.

관리자에 대한 평가도 냉혹하다. 직원들은 매니저, 경영진 및 회사를 총체적으로 평가한다. 서비스와 근무환경 개선을 추진하기 위해 스미스 회장이 도입한 제도다. SFA(Survey, Feedback, Action)라고 불리는 이 제도는 일종의 직원만족도 평가시스템이다. 직원들이 간부의 리더십을 다각도로 평가하기 위한 목적으로 만들었다. 매년 1회씩 모든 직원은 SFA 시스템을 통해 회사와 임원, 간부들에 대한 점수를 매긴다. 평가 결과 2년 연속 기준 점수 이하를 받은 사람은 회사를 그만둬야 한다. 간부들이 경영진들은 물론이고 부하직원들로부터 좋은 평가를 받아야 하는 이유다.

이 때문에 매니저 이상의 간부들은 법률 지식부터 페덱스의 역사와 가치관, 직원 관리 등에 대한 종합적 교육을 받는다. 승진 후에는 2년마다 정기적으로 간부 교육을 받아야 한다. 다단계의 검증을 거쳐 리더를 만드는 것이다.

다양성도 스미스 회장이 중요시하는 항목이다. 페덱스 미국 본사는 전 직원의 40% 이상, 임직원의 27% 이상이 흑인, 히스패닉, 아시아계 등으로 구성돼 있다. 스미스 회장은 인종에 대한 편견을 갖지 않도록 인사카드에 아예 직원의 인종을 기록하지 않고 있다.

기업을 위해 기꺼이 물러나다

1970년 일본 명문 와세다대학교 정치경제학과를 졸업한 하세가와 야스치카(長谷川閑史)는 그 해 다케다약품에 입사했다. 첫 부서는 본사 사무직이 아니라 약품 생산공장이었다. 양복 대신 작업복을 입고 신입사원 생활을 시작했지만, 실망하는 기색 없이 업무에 최선을 다했다. 사내 스터디그룹을 만들어 영어와 재무회계 공부도 열심히 했다.

1998년 그는 국제본부장을 맡으면서 본격적으로 능력을 발휘하기 시작했다. 미국과 독일 등 해외지사에서 10여 년간 근무하면서 다케다약품의 인지도를 높이고, 현지 제약사들과 활발하게 교류했다.

다케다 가문의 7대 후계자이자 회사의 회장 겸 CEO였던 다케다 구니오(武田 國男)는 이런 하세가와를 눈여겨봤다. 1993년부터 회사

경영을 책임져 왔던 다케다 회장은 일본 제약업계의 성장을 위해선 미국과 유럽의 거대 제약그룹들과 경쟁하지 않으면 안 된다는 위기의식을 갖고 있었다. 제약업계 선두권 자리를 유지하려면 서양의 제약 벤처들을 겨냥한 공격적인 M&A와 전략적 기술 제휴가 필수라고 생각했다. 그렇지만 7대째 내려온 가족경영의 견고한 틀 안에서 이런 경영전략을 마음껏 펼치기란 쉬운 일이 아니었다.

그가 선택한 방법은 자신을 포함한 창업주 일가가 경영 일선에서 물러나는 것이었다. 2003년 하세가와에게 CEO직을, 2009년에는 회장직을 넘겼다. 해외시장 동향에 밝은 하세가와를 회장 겸 CEO로 임명해 세계시장 점유율 확대라는 과제를 맡긴 것이다. 경영권을 위임받은 하세가와에게 힘을 실어주기 위해 창업주 일가 및 임원 자녀들의 입사를 금지하는 사규를 만들었다. 다케다약품이 가문 출신이 아닌 외부인을 CEO로 영입한 건 창업 후 처음이었다.

인재는 채용하는 것이 아니라 키워내는 것

일본전산의 나가모리 시게노부 대표는 "나약한 병사들만 있더라도 리더가 제대로 된 사람이라면 얼마든지 살아남을 수 있다"고 강조한다. M&A 후 직원들에게 가장 먼저 요구한 일은 '화장실 청소'다. 나가모리는 청소를 모든 일의 기본이라고 여겼다. 자기 손으로 변기를 닦아봐야 그 뒤에도 화장실을 함부로 사용하지 않게 된다는 것이다. 그게 몸에 익으면 사무실에서도 정리정돈을 잘하게 되고, 장비를 소중히 하는 태도도 갖게 된다는 얘기다.

나가모리가 직원을 중시하기 시작한 것은 1975년 공채에 실패한 이후다. 그는 창립 2년 만에 처음으로 신입직원들을 뽑기로 했다. 기쁨에 들떠 교토에서 가장 유명한 최고급 식당에서 초밥 20인분을 주문했다. 입사 지원을 하러 적어도 20명은 올 것이라고 생각했다. 하지만 그 초밥은 모두 직원들이 먹고 말았다. 취업설명회에 한 명도 안 왔기 때문이다.

이듬해 다시 설명회를 열었다. 5명이 회사를 찾아왔지만 어디서도 받아주지 않아 어쩔 수 없이 일본전산을 찾아온 이들이었다. 나가모리 사장은 깊은 고민에 빠졌다. 그는 장인의 한마디에 파격적인 공채 시험을 실시하기로 결심했다. 장인의 충고는 "머리는 안 좋아도 밥 빨리 먹고, 씻는 게 빠르고, 용변을 빨리 보는 사람이 일을 야무지게 한다"는 것이었다.

나가모리는 장인의 말대로 지원자들의 밥 먹는 시간을 쟀다. 화장실 청소도 이때부터 공채 시험 과목(?)에 넣었다. 꼼꼼하게 청소를 하는지 살펴봤다. 끈기 있는 사람을 골라내기 위해 오래달리기 시험도 봤다. 큰 목소리로 말하기를 통해 자신감이 있는지도 눈여겨봤다. 이 같은 시험을 실시한 건 능력은 부족할지 몰라도, 의지와 체력만은 확실히 강한 사람을 뽑겠다는 의도였다.

일본전산에는 '전원 영업, 전원 개발'의 독특한 원칙도 있다. 모든 직원이 낮에는 영업사원, 밤에는 엔지니어다. 회사의 모든 업무를 꿰뚫고 있어야 한다는 생각에서다. 그는 "인재는 채용하는 것이 아니라 키워내는 것"이라며 "학벌이 좋은 사람보다 심장이 뛰는 사람을 골라 교육시키면 된다"고 말한다. 나가모리 본인이 산증인이다. 그도 기술전문대학을 나온 게 전부였다. 초등학교 시절 과학시간에 모터를 만들어 선생님에게 칭찬받은 이후로 모터에 관심을 갖게 됐다. 그리고 기술전문대학에서 엄격한 스승을 만나 지도를 받고 CEO로 성장했다.

직원의 내일을 밝히는 사내 벤처

파견전문업체 템프스탭 대표 시노하라는 2000년 사내 창업제도를 도입했다. 모든 직원은 창업 아이디어를 낼 수 있었다. 시노하라는 이를 직접 검토, 직원과 면담한 뒤 가능성이 있다고 판단되면 즉석에서 3,000만 엔의 착수 자금을 건넸다. 새 회사의 리더는 물론 아이디어를 낸 사람이 직접 맡았다. 사업 확장에도 도움이 되지만, 진짜 목적은 직원들이 활약할 장을 마련해주는 것이었다.

어느 날 시노하라는 한 직원이 회사 일을 따분하게 여긴다는 것을 눈치 챘다. 직원에게 하고 싶은 일을 묻자 그는 "지금 관리 중인 아웃소싱 사업부를 따로 맡아 키워보고 싶다"고 했다. 다음 날 시노하라는 바로 승인했다. "사람은 임무가 주어지는 만큼 성장한다"는 확신이 있었기 때문이다. 스스로 회사를 키워오면서 얻은 교훈이었다. 직원들도 자신과 같은 경험을 쌓길 바랐다.

이렇게 생긴 대표적인 회사가 베이비시터 파견전문업체 '템프스텝 위시'다. 한 직원이 양육 때문에 일을 할 수 없게 된 파견사원을 도울 방법을 고민하면서 시작됐다. 2006년엔 장애인 취업에 도움을 주는 '템프스텝 프런티어'가 출범했다. 간병 사업 전문 '케어 템프',

중년 직원의 재취업을 지원하는 '템프스텝 전직 서포트'도 설립했다. 자회사는 일본 34개사, 해외 13개사로 늘어났다.

버진그룹의 CEO 리처드 브랜슨은 직원들 위에 군림하지 않고 직원들이 주인의식을 갖고 스스로 움직이도록 독려하는 것으로 유명하다. 버진블루의 CEO 브렛 고드프리(Brett Godfrey)는 버진그룹의 유럽 항공사 버진익스프레스의 임원이었다. 일 때문에 브뤼셀에 머물렀던 호주 출신의 고드프리가 회사를 그만두고 가족들이 있는 호주로 돌아가겠다고 했을 때 브랜슨은 "호주에서 뭔가 하고 싶은 일이 있으면 말해달라"고 했다. 고드프리를 놓치고 싶지 않았던 것이다. 고드프리는 호주 저가 항공사 설립을 제안했고, 이 제안으로 버진블루가 설립됐다. 버진블루의 주식 상장으로 8,000만 호주달러를 벌어들인 고드프리는 호주에서 '45세 이하 가운데 가장 부유한 인물'이 됐다.

브랜슨은 버진블루가 버진이 추구하는 '브랜드 벤처 자본주의'의 생생한 모델이라고 말한다. 브랜드와 기업가정신이 결합된 이 모델은 전 세계 200여 개 버진 계열사를 키워낸 힘이다. 브랜슨은 모든 직원들에게 기업가정신을 가지라고 강조한다. "기업가정신은 사업의 고동치는 심장이다" "훌륭한 사람들을 찾아 그들을 자유롭게 하라"는 것이 그의 인재경영 철학이다. 이 같은 경영철학 덕분에 현재까지 110여 명의 버진그룹 직원들이 백만장자나 억만장자가 됐다.

일본 이자카야 체인 라쿠코퍼레이션의 우노 사장은 직원들의 독립을 막지 않는다. 라쿠코퍼레이션의 각 점포는 우노 사장의 철학에 따라 말단 직원부터 시작해 올라온 사람들이다. 점장 이후 더 이상 승진할 자리가 없는 이들은 자연스레 창업의 길로 나서게 된다. 우노는 이들이 자신의 가게를 갖고자 하는 목표를 이루도록 도와준다.

그는 창업자들에게 '이미지 트레이닝'을 하라고 강조한다. 일하면서 수시로 자신이 만든 가게의 매출이 얼마나 늘어야 언제쯤 자동차와 집을 살 수 있고, 주말에 골프를 칠 수 있는지 지극히 현실적인 꿈을 생각하라고 충고한다. 그래야 실패할 확률을 줄일 수 있고, 자신의 목표도 성취할 수 있다는 것이다.

07

최고의 리더는 언제 책임지는가?

책임은 언제, 누가 져야 하는가?

진짜 책임은 사후에 지는 것이 아니라 사전에 지는 것이다. 문제가 일어나기 전에 앞장 서서 문제를 예측하고 대비하고 책임지는 행동을 하는 것이 리더십의 표본이다. 큰 사 건이나 문제가 터지고 나서 수습하기 위해 지는 책임은 반쪽짜리 리더십에 불과하다. 배를 안전한 항구로 향하게 하는 것이 선장의 임무이며 난파된 배에 대한 책임만 지는 것은 반쪽짜리다.

2011년 일본 후쿠시마에서 발생한 원전사고는 일본을 망국으로 이끌지도 모르는 대재앙이었다. 악몽 같은 사건이 제때 해결되지 못하고 더 큰 후폭풍 속으로 빠져드는 이유는 제 몸을 사리느라 제때 제 목소리를 내지 못한 리더들 때문이었다. 작은 것을 탐해 현실을 직면하지 않고 장밋빛으로 포장했던 리더들이 문제를 키웠다. 현실을 여과 없이 말하고 해결하기 위해 쓴소리와 목소리를 내는 리더가 진짜 책임지는 리더이며, 당시에는 비난을 받더라도 오래도록 존경받는다.

2013년 동양그룹이 부실경영으로 무너졌다. 경영에 어려움을 겪던 동양그룹은 순리적인 매각 작업을 통해 온전하게 살아남을 수 있었다. 하지만 리더는 편법으로 살아남는 방법을 택했으며, 작은 손해를 아까워 한 나머지 때를 놓쳤다. 리더가 제때 손해를 감수하고 책임지는 행동을 했더라면 수많은 사람의 일자리와 통장과 생명은 무사했을 것이다. 문제가 진짜 문제가 되기 이전에, 적법하게 해결될 수 있을 때 목소리 내는 사람이 없었기에 뒤늦은 후회만 남았다.

책임지는 리더십의 교과서

2011년 8월 말 허리케인이 미국을 강타했다. 뉴욕도 사정권에 들 것이라는 예보가 나왔다. 8월 27일 블룸버그 시장이 TV 생중계 출연을 자청했다.

"당장 떠나십시오. 허리케인이 다가올 때는 이미 늦습니다. 대피하지 않는다고 벌금을 부과하거나 체포하지는 않겠지만, 이 명령을 따르지 않으면 목숨을 잃을 수 있다는 사실을 명심하기 바랍니다."

블룸버스 시장은 맨해튼 남부 저지대와 브루클린 퀸스 일부 지역 주민 37만 명에게 강제 대피명령을 내린 것이다. 의무 대피명령이 내려진 것은 뉴욕 시가 생긴 뒤 처음이었다.

뉴욕 시는 8337편의 항공편을 모두 취소했다. 5개 공항의 항공편 착륙도 전면 중단시켰다. 지하철과 버스도 운행하지 못하게 했다. 자연재해로 인한 첫 운행 중단이었다. 450만 가구에 대한 전력 공급도 끊었다. 핵발전소 2곳의 가동도 중단시켰다. 이 명령도 논란이 됐다. "굳이 도시를 마비시킬 필요가 있느냐"는 반론도 나왔다.

이틀 뒤인 29일 허리케인 아이린이 미국 동북부를 강타했다. 그러나 뉴욕 시는 큰 피해를 입지 않았다. 철저히 대비한 덕분이었다. 과학자들은 아이린이 지나간 뒤 뉴욕 시의 대응이 뛰어났다고 평가했다. 재난에 대비하는 '최고의 교과서'라는 분석도 나왔다. 블룸버그는 재난 시 취해야 할 조치가 무엇인지 정확히 파악했다. 시민의 안전이 1순위였으며, 이를 단호하게 실행했다. CEO로서 수많은 위기를 극복한 그의 리더십이 빛을 발한 순간이었다.

"탄산음료 용량이 커진 것은 고객들이 원해서가 아니다. (더 많이 팔기 위한) 기업들의 전략일 뿐이다.”

마이클 블룸버그 뉴욕시장이 자신의 트위터에 올린 글이다. 블룸버그 시장은 최근 대용량 탄산음료 판매를 규제하는 정책을 발표했다. 설탕이 들어간 용량 16온스(약 480㎖) 이상의 음료를 음식점과 영화관, 야구장 등에서 팔지 못하게 하는 내용이다. 이 정책이 논란을 불러일으키자 트위터를 통해 정면 돌파에 나선 것. 논란을 빚을 줄 뻔히 알면서 이런 정책을 내놓은 이유에 대해 그는 “비만 퇴치는 시민이 바라는 정책”이라고 잘라 말했다. 뉴욕시민들이 성인 비만의 주범으로 지목된 탄산음료 섭취를 줄일 수 있다면 웬만한 비판은 감수하겠다는 뜻이다.

탄산음료 판매 제한은 블룸버그의 철학을 보여주는 대표적 정책이다. 2001년 처음 시장에 당선된 뒤 추진한 정책은 공공장소 금연이었다. 공화당 소속으로 뉴욕시장에 올랐지만 당이 시민의 이익보다 당파적 이익을 우선시한다고 판단한 순간 과감히 당적을 버리기도 했다. 이처럼 시민들의 생활에 도움이 되는 실용적 정치를 펼치자 뉴욕시민들은 블룸버그의 정책을 지지했다. 확고한 양당 체제인 미국에서 무소속으로 3선(選) 시장이 된 비결이다.

이제 사람들은 그를 미래의 대통령 후보로 꼽는다. 미국 시사주간지 〈타임〉은 성공한 CEO이자, 3선 뉴욕시장인 그를 ‘미국의 새로운 행동 영웅(Action Hero)’이라고 표현했다. 〈비즈니스위크〉는 ‘공공 서비스의 새로운 모델을 창조하고 있는 CEO형 시장’이라고 평가했다. 요즘도 그의 인기는 하늘을 찌른다. 대통령 선거철엔 민주당과 공화당이 무소속인 그를 영입하기 위해 앞다퉈 구애 작전을 펼

쳤다. 민주당 소속 버락 오바마 대통령은 행정부 핵심 관료들과 함께하는 골프에 그를 초대했다. 경쟁자인 공화당의 미트 롬니 전(前) 매사추세츠 주지사는 그의 자선재단 사무실을 찾아가 "한수 배우러 왔다"고 공개적으로 말하기도 했다.

젊은 시절 쓰디쓴 실패를 경험했던 블룸버그 시장. 그는 자신이 경험했던 고충을 바탕으로 사람들이 원하는 서비스를 만들어냈고, 모든 사람들이 함께 일하고 싶어하는 리더로 거듭났다.

반드시 규칙을 지켜야 한다

장루이민(張瑞敏) 회장이 중국 최대 가전회사 하이얼에서 처음 일을 시작한 것은 1984년이다. 하이얼의 전신인 칭다오냉장고공장(清島電氷箱總廠)은 당시 파산 위기에 놓였고 칭다오가전공사에서 일하던 35세의 장루이민이 공장장으로 급파됐다. 현장에 도착한 그는 한숨부터 나왔다. 직원들은 공장 아무데서나 대·소변을 봤고, 비품과 자재를 마음대로 훔쳐갔다. 정상적 방법으론 회사를 살릴 수 없다고 생각했다. 그는 모든 것을 엄격하게 관리하겠다고 말하고 새로운 관리 규정을 발표했다.

직원들은 냉담한 반응을 보였다. 다음 날 물건을 박스째 들고 나가는 직원도 있었다. 장루이민 공장장은 그 직원을 바로 해고했다. 그제야 직원들은 '공장장은 한다면 하는 사람'이라는 것을 알아차렸다. '반드시 규칙을 지켜야 한다'는 의식이 생겨났다. 이후 하이얼의 기업 경영은 조금씩 질서를 잡아나갔다.

이렇게 변화를 시작한 하이얼은 글로벌 가전업체로 발돋움했다. 현재 전 세계에 10개의 연구 · 개발 센터, 24개의 생산공장 등을 갖고 있으며 160여 개국에 '하이얼' 브랜드로 제품을 판매하고 있다. 일본 산요전기의 백색가전 사업부문도 인수했다. 피터 드러커는 "리더십의 본질은 카리스마에 있는 것이 아니라 실제 행동(perfor-mance)에 있다"라고 강조했다. 장루이민 회장은 엄격한 관리 규칙을 실천하는 모습을 보여줌으로써 직원들에게 규칙의 중요성을 심어주며 건전한 기업문화를 만들어갈 수 있었다.

리더는 무엇을 질문해야 하는가?

소통하는 가장 좋은 방법은 무엇입니까?

소통의 첫걸음은 '경청'이다. 경청이란 상대의 말을 듣기만 하는 것이 아니라 상대가 전달하고자 하는 말의 내용을 비롯해 그 내면에 숨겨진 동기나 정서에 귀 기울여 듣는 것이다. 그러므로 소통은 내 이야기를 하는 것이 아니라 타인의 이야기를 듣는 것이다. 자신의 생각과 경험이 부족하기 때문에 타인의 지식과 혜안에 귀를 기울이는 것이 소통이다. 그래서 진정한 소통을 이루기 위해서는 기꺼이 시간과 에너지를 쏟아붓고, 열렬하게 질문하는 자세가 필요하다.

소통은 상대의 세계를 내 안으로 받아들이는 일이다. 그래서 소통에는 새로운 세상을 마주하는 환희가 있다. 소통에는 상대의 감정에 깊이 빠져드는 공감의 순간이 있다. 소통에는 한 세계가 무너지고 다른 세계가 열리는 깨어짐과 탄생의 기쁨이 있다.

소통 잘하는 리더가 빛나는 이유는 소통이 리더의 관념을 좁은 세계에서 더 넓은 세계로 이끌어주기 때문이다. 소통은 현장에서만 알 수 있는 것, 말단 직원만이 느낄 수 있는 것, 어제 그 자리에 있었던 사람만이 알 수 있는 것, 워킹맘으로 일하는 사람만이 알 수 있는 것, 말년 부장으로 일하는 사람만이 알 수 있는 고립된 세계를 열어 보인다. 그래서 소통을 많이 하는 리더가 아는 세계와 그렇지 않은 사람의 세계는 전혀 다르다. 의사결정의 방향과 깊이 또한 다를 수밖에 없다. 소통 잘하는 리더가 특히 더 각광받는 이유는 세상이 변화되어 감에 따라 이해관계와 욕망이 날로 복잡해지고 있기 때문이다. 소통 잘하기로 소문난 리더들의 방법론을 살펴보도록 하자.

가장 많이 했던 말, "어떻게 생각하십니까"

멕 휘트먼(Meg Whitman) HP CEO는 프린스턴대학교에서 경제학을 전공하고 하버드대학교 경영대학원에서 MBA 학위를 받았다. 대학원 졸업 후 P&G와 세계적인 컨설팅전문회사 베인앤드컴퍼니(Bain & Company)를 거쳐 1989년부터 1992년까지는 월트디즈니의 소비자 상품부서에서 마케팅 담당 부사장을 지냈다. 당시 휘트먼은 과학 잡지인 〈디스커버〉를 인수하고 회사의 인쇄사업 부서를 통합하며 CEO로서의 가능성을 보였다.

이후 최초의 민간 화초 재배 회사인 FTD, 장난감 제조사인 하스브로 등의 CEO를 지냈다. 브랜드 매니저에서 시작해 경영 컨설턴트, 여러 업종의 CEO까지 거친 그녀는 회사를 옮길 때마다 기존 직원들과 전문가들의 말에 귀를 기울이는 게 습관이 됐다. 생소한 분야에서 살아남기 위해 터득한 그녀만이 생존 방식이었던 셈이다.

휘트먼은 전(前) HP CEO인 칼리 피오리나와 함께 미국을 대표하는 여성 CEO로 꼽힌다. 휘트먼이 이베이 CEO로 취임했을 당시 회사 직원 수는 30여 명이었고, 매출 규모는 8,600만 달러에 불과했다. 그러나 10년 뒤 CEO에서 물러날 때는 직원 수가 1만여 명으로 불어났고 매출도 90배 가까운 77억 달러로 증가했다.

이베이 창업자인 피에르 오미디아르(Pierre Omidyar)는 CEO 면접에서 휘트먼을 고른 이유로 "강한 결단력을 갖고 있지만 남을 지배하려 하지 않는 경영자였기 때문"이라고 밝혔다. 〈유에스 뉴스 앤드 월드 리포트(U.S. News & World Report)〉는 휘트먼 CEO를 '경영하지 않는 경영자' '군림하지 않는 CEO'라고 표현했다. 고객 및 직원과의 소통을 가장 큰 미덕으로 생각하고, 내부 반대가 심한 계획은 밀어붙이지 않는다는 것이다. 반대로 직원들의 요구사항을 어떻게 반영할 수 있을지 고민했다.

휘트먼의 소통 능력과 유연한 사고를 보여주는 사례가 페이팔 인수다. 2002년 이베이는 전자결제업체인 페이팔을 15억 달러에 인수했다. 당초 휘트먼는 페이팔 인수에 회의적이었다. 그 당시 회사 규모가 지금처럼 크지 않았기 때문에 M&A에 큰돈을 쏟아부었다가 잘못되면 회사가 큰 타격을 입을 수도 있었기 때문이다.

그러나 휘트먼은 자신의 의견을 고집하지 않고 직원들의 의견을 물었다. 직원들은 이미 이베이 고객의 상당수가 페이팔을 통해 결제한다고 답했다. 페이팔을 인수하면 인터넷 상거래를 하는 데 시너지 효과가 날 수 있다는 얘기였다. 휘트먼은 생각을 바꾸고 직원들의 요구대로 주요 주주들을 찾아다니며 페이팔 인수를 위한 설득 작업을 벌였다. 페이팔 인수는 이베이가 업계 1위가 되는 데 결정적 역할을 했다.

휘트먼은 이베이를 경영할 때 매달 고객 20명씩 본사에 초대, 그들의 의견을 들었다. 그녀가 고객들에게 가장 많이 했던 말은 "어떻게 생각하십니까?"였다. 스티브 잡스 전(前) 애플 CEO가 자신만의 아이디어를 바탕으로 새로운 고객을 만들고 직원들을 이끈 데 비해, 휘트먼은 고객 및 직원과 함께 생각하고 호흡하는 것을 경영의 무기로 삼았다.

패션 아이템과 함께 현재 이베이에서 가장 많이 거래되는 물품 중 하나가 중고 자동차다. 이베이에서는 중고차 및 부품은 물론이고 보트까지 살 수 있다. 중고차를 인터넷으로 산다는 것에 대한 거부감이 많았을 때 이를 도입한 것도 휘트먼이다.

이베이는 1999년 일부 회원들이 이베이 카테고리 메뉴에 없는 중고차를 사고파는 것을 발견했다. 곧 대책 회의가 열렸고 직원들의 의견은 둘로 갈라졌다. 절반은 자동차가 상대적으로 값이 비싸고 사기 피해 우려 등이 크다는 점을 들어 매매를 금지해야 한다고 주장했다. 다른 직원들은 이미 거래하고 있는 상황에서 막는 것보다는 아예 중고차 메뉴를 만들어야 한다는 의견을 내놨다. 휘트먼은 잠시 침묵했다. 생각에 잠겼던 그녀가 내놓은 답은 "시장을 거스르면 안 된다"였다. 이미 거래하는 고객들이 있기 때문에 회사는 사기 거래가 일어나지 않도록 안전 장치를 마련해야 한다고 강조했다. 이 결정은 이베이가 사업 초기 많은 회원들을 끌어들이는 데 기여했다.

경제 전문 사이트인 마켓워치(marketwatch.com)는 2003년 휘트먼을 '올해의 CEO'로 선정했다. 유연한 사고, 고객에 대한 남다른 배려, 시장 전망을 읽는 혜안 등을 갖췄다는 게 이유였다.

과장, 부장, 사장도 없는 회사

미국 델라웨어 주에 있는 한 회사 회의실. 한편에는 '많은 직원이 따르는 사람이 곧 리더'라는 글귀가 적힌 액자가 놓여 있다. 회의 개시 직전인 듯 10여 명이 탁자에 둘러앉기 시작했다. '테리 켈리'라는 이름표를 부착한 여성이 회의실에 들어왔다. 서류를 내려놓은 그녀는 간단하게 인사했다. 그러고는 갑자기 어색한 동작으로 춤을 추기 시작했다. 최근에 배운 춤인 듯했다. 회의실 곳곳에서는 웃음이 터져 나왔고, 회의는 곧 시작됐다.

이 회사의 이름은 '윌버트 리 고어 어소시에이트(W. L. Gore &. Associates)'. '세상을 바꾼 101가지 발명품(영국 〈인디펜던스〉 선정)', '제2의 피부'라는 평가를 받고 있는 고어텍스 섬유를 개발한 회사다. 춤을 춘 사람은 고어 CEO 테리 켈리(Terry Kelly)다. 그녀는 아침 회의 분위기가 자칫 딱딱해질 수 있다며 몸치이지만 춤을 췄다고 얘기했다. 직원들이 서로의 의견을 가감 없이 나눌 수 있도록 자연스러운 분위기를 만들기 위한 것이다. 켈리는 2005년 CEO 자리에 올랐다. 그녀는 고어의 상식을 깨는 경영 원칙을 발전적으로 계승한 CEO라는 평가를 받고 있다. 고어 특유의 '3무(無직위·無직책·無큰 조직)'라는 전통을 지켜내고 발전시켜 왔기 때문이다. 고어에는 직위가 없다. 한국식으로 하면 대리, 과장, 부장은 물론 사장도 없다. 직책도 없으며 명함에는 이름과 고어 어소시에이트라는 회사 이름만 찍힌다.

켈리 경영의 키워드는 '전통 계승과 혁신'으로 요약할 수 있다. 그 기반은 고어라는 회사가 갖고 있는 독특한 문화에서 찾을 수 있다. CEO도 투표로 뽑는다. 창업자인 빌 고어(Bill Gore)는 "리더들은 영업 목표를 앞당겨 달성하는 특별한 지식이나 기술, 경험을 보여줌으로써 자연스럽게 드러난다"고 했다. 켈리도 이런 과정을 통해 CEO가 됐고, 수평적 소통의 구조를 더 평평하게 만들었다.

고어의 정식 명칭인 '윌버트 리 고어와 동료들(W. L. Gore &associate)'에도 회사가 지향하는 문화가 함축돼 있다. 창업 때부터 상사와 부하 직원이 모여 있는 회사가 아니라, 동료가 모인 조직이라고 못 박은 것이다. 상사는 없는 대신, '스폰서'라는 멘토 제도를 두고 있다. 신입사원들은 스폰서의 도움을 받아 최적의 근무지를 정한다.

켈리의 CEO 직함도 법률상 필요에 의해서 존재할 뿐이다.

경영학 구루 게리 해멀(Gary Hamel)은 이런 수평적 조직을 기존의 계층 구조와 대비해 '창살(lattice) 구조'로 규정했다. 그는 "창살 구조에 기반을 둔 조직은 상하 권위적 연결이 아닌 조직 전원이 전방위적 연결이 가능하다"고 분석했다. 이런 기업문화 덕에 고어는 〈포천〉이 선정하는 '일하고 싶은 직장'에 매년 선정되고 있다.

켈리가 CEO에 오른 직후 큰 문제에 부딪혔다. 일부 직원이 그동안 유지해온 서열이 없는 회사의 전통에 문제를 제기했다. 회사의 규모가 커지면서 다른 회사와 같이 조직의 상하 구분이 필요하다고 주장했다. 본질적으로는 명확한 기준이 없는 급여 책정에 문제가 있다는 것이었다. 고어텍스에서 임금은 별도의 규정 없이 동료들의 평가에 따라 결정됐다. 이에 대한 반대는 회사가 본격적으로 성장한 1980년대 말부터 제기돼 왔다.

2000년대 중반 미국 경제에는 본격적으로 거품이 끼고 있었다. 기업들도 높은 임금을 앞세워 우수한 인재를 끌어들이고 있었다. 켈리는 고민에 빠졌다. 인재를 잡아두기 위해 전통을 버려야 하는 것인가. 그러나 켈리는 전통을 고수하기로 했다. 수평적 구조가 더 효율적이라고 판단했다. 오히려 수평적 평가를 더욱 확대하여 기존 10명 안팎이던 한 직원에 대한 평가자 수를 직원 당 20~30명으로 늘렸다. 기준도 바꾸지 않았다. '얼마나 회사에 기여했는가'라는 포괄적인 가이드라인만 있을 뿐이다.

"직급에 따른 획일적 기준보다는 거미줄 같은 교차 평가라는 혼돈 속에서 모든 직원들이 공감할 수 있는 결과를 얻을 수 있다"는 게 켈리의 판단이었다. 그리고 직원들을 설득했다. 상하 구분 없이 많은 사람들이 평가해야 정확하게 판단할 수 있다는 논리였다. 직원들은 결국 이를 받아들였다. 사태는 마무리됐고 걱정했던 직원들의 이직도 없었다. 영국의 일간지 〈가디언〉은 "켈리가 CEO에 오른 뒤 회사를 그만둔 직원 비율은 5%에 지나지 않았다"고 전했다. 켈리의 과감한 결정은 회사의 좋은 전통을 스스로의 신념으로 만들었기에 가능했다는 평가도 나왔다.

켈리는 여기에서 그치지 않았다. 예산을 미리 책정하는 '기업의 상식'도 혁파했다. 회사가 급변하는 경제 상황에 맞게 유연하게 대처해야 한다는 생각에서였다. 예산은 자칫 동료들이 변화하는 기업 환경에 실시간 대처하는 데 걸림돌이 될 수 있다고 판단한 것이다. 그녀가 노린 것은 신속한 투자였다. 예산의 유연성은 투자가 필요할 때 신속하게 실행에 옮길 수 있도록 고어를 지원했다. 켈리가 CEO에 오른 뒤 고어는 매년 7~9% 성장했다. 2008년 금융위기 때도 흑자를 낼 수 있었던 이유는 이런 유연한 대응 덕분이었다는 게 언론의 평가다.

켈리는 "기업 환경이란 변동성이 심해 틀에 갇혀 있으면 쉽게 해법을 찾을 수 없기 때문에 리더는 혼돈스러운 상황에 익숙해야 한다"고 말한다. 이런 혼돈을 뚫고 나가기 위해서는 신뢰가 중요하다는 말도 덧붙인다. 그녀는 "빌 고어 (고어텍스) 창립자도 동료 간 상호 신뢰가 제품 개발과 회사의 성장으로 이어질 수 있다고 확신하고 있었다"고 강조한다.

켈리는 미국 델라웨어대학교에서 기계공학을 전공했다. 델라웨어 주는 고어가 위치한 곳이다. 1983년 대학을 졸업한 뒤 그녀는 고어에 입사해 군용 섬유소재 사업 부문에서 일을 시작했다. 입사 10년 뒤 글로벌 섬유사업 책임자가 됐다. 섬유소재 사업 전반을 맡은 뒤 중국에 첫 번째 아시아 공장을 지었다.

이때 생산공장을 건설하면서 연구·개발 및 판매담당 건물도 같이 짓기로 결정했다. 회사 전반에 대한 안목을 기를 수 있게 하는 '삼각의자 원칙(three-legged stool)'을 도입한 것이다. 제품과 관련한 모든 부서가 한 산업단지에 있어야 모든 직원이 자신의 업무 분야뿐 아니라 회사의 운영 전반을 접할 수 있다고 판단했다. 그 결과는 몇 년 뒤 직원들의 자신감으로 나타났다. 최근 고어 내부 조사 결과 전체 직원 중 60% 이상이 자신이 리더가 될 수 있는 자질을 갖추고 있다고 답했다.

'삼각의자 원칙'도 고어의 전통 위에 세워졌다. 고어는 설립 이후 개발, 생산, 영업 등의 업무 영역을 단순한 부서로 구분하지 않고 대부분 프로젝트 위주로 업무를 진행했다. 한 프로젝트가 끝나면 직원들은 또 다른 부서로 옮겨갈 수 있다. 현재 고어의 주력 사업은 크게 섬유, 의료, 전자, 산업재 등 4개 분야다. 각 분야에 필요한 전문지식이 다르지만 직원들은 사업부 간에도 자유롭게 이동하는 것이 가능하다.

켈리는 각 사업 부문의 규모는 최대 250명을 넘지 않는다는 원칙도 고수했다. 직원 간 소통과 회사에 대한 소속감을 위해 사업장이 200~250명을 넘으면 무조건 나눈다. 조직을 통합하고 키우면 비용을 절감할 수 있는 장점이 있지만, 켈리는 비용보다 소통을 중시하는 회사의 전통을 지키고 있다.

최고의 소통법은 듣는 것

"소중한 사람에게 최고의 서비스를 하라." 블룸버그는 2001년 뉴욕시장에 당선된 뒤에도 좌우명을 잊지 않았다. 800만 명 이상의 시민을 소중한 고객으로 삼은 것. 시민 생활 속에서 아이디어를 얻기 위해 그는 당선 이후 지금까지 지하철로 출퇴근하고 있다. CEO에서 정치인으로 변신할 수 있었던 비결이다. 그는 공약 대부분을 지켜 '역사상 가장 인기 있는 뉴욕시장'이라는 평가를 받고 있다.

전(前) 푸마 회장인 요헨 차이츠는 직원들과의 소통도 중요하게 생각했다. 그는 "손이 세 개가 아닌 것이 아쉽다"고 말한 적이 있다. 전 세계 직원과 이메일 소통을 하는 데 두 손으로는 부족하다는 얘기였다. 시차를 고려해 잠자는 시간을 제외하곤 각 지점과 의견을 나눈다. 독일 헤르초겐아우라흐 본사는 물론 미국 보스턴, 홍콩 지사 직원 3,200여 명과 소통하고 대부분 해당국 언어로 메일을 주고받는다. 출·퇴근 시간에도 스마트폰을 이용해 이메일로 직원들의 주요 질문을 처리한다. 독일의 경제 일간지 〈한델스블라트〉는 "푸마는 최근 자사 디자이너들에게 세계 각지로 여행하며 시장 흐름을 파악하도록 권장했다"며 "경영진과 직원 간 활발한 의견 교환이 경쟁력 유지의 비결"이라고 진단했다.

베라 왕 역시 고객들이나 직원들과 자주 소통하는 CEO 중 한 명이다. 그녀는 휴대폰이 없는 CEO로도 유명하다. 대신 사무실 문을 활짝 열어놔 고객들이나 직원들이 언제나 그녀를 만날 수 있도록 한다. 얼굴을 보고 대화하자는 것이다. 그녀는 "직원들과 많은 것을 함께 나누려고 애쓴다"며 "대화를 나누다 보면 직장생활의 어려움, 가족을 부양하는 책임감 등을 느낀다"고 말했다. 그래서 이들의 고충을 해결할 대책을 마련해 회사의 정책에 반영한다는 것이다.

스타벅스 CEO 하워드 슐츠는 독단적으로 결정하기보다는 매장 직원들의 제안을 적극적으로 수용한다. 포화상태인 커피 시장에 머물 것인가를 고민하기 시작한 슐츠는 매장 직원들을 찾아갔다. 현장에 답이 있다는 것을 몸으로 체득하고 있었기 때문이다. 그러던 어느 날 매장 직원들로부터 이메일을 받았다. 할로윈 시즌 한정 상품을 팔자는 것이었다. 다른 직원은 친환경 먹거리에 관심이 많은 고객을 겨냥, 신선한 주스를 직접 만들어 판매하자는 제안도 했다.

슐츠는 새로운 사업을 시작하기로 결심했다. 할로윈 상품으로 호박에 계피를 탄 '펌킨 스파이시 라테'를 내놓자 대박이 났다. 특정한 시즌에만 파는 '팝업마케팅'(pop-up marketing)이 주효했다. 호박을 좋아하는 젊은 층은 물론 계피 맛을 즐기는 중·장년층도 이 제품을 찾았다.

슐츠는 직원의 또 다른 제안도 받아들여 주스사업에도 손을 댔다. 캘리포니아의 유기농 주스 생산 업체인 '에볼루션 프레시'를 3,000만 달러에 인수한 것이다. 〈월스트리트저널〉은 "스타벅스 주변의 잠바주스와 스무디킹 등 주스 업체들이 긴장하고 있다"고 보도했다. 2012년 1월부턴 스타벅스 매장에서 맥주와 와인, 술안주를 팔고 있다. 3개월 후엔 에너지음료 '리프레셔스'도 출시했다.

캡슐커피 '케이 컵'에 이어 자체 브랜드 커피머신 '베리스모'도 내놓았다.

일본전산의 나가모리 시게노부 CEO의 '호통 경영'이 관철될 수 있었던 것은 연 100회에 가까운 직원들과의 점심·저녁 모임이 있었기 때문에 가능했다. M&A 후 1년 동안은 젊은 사원들과 50회 이상의 점심 간담회를 갖는다. 과장급 이상 관리직과는 25회 이상의 저녁 모임을 한다. 그는 직원들이 불만도 편하게 말하도록 해주기 위해 식사 내내 농담을 한다. 여기에서 나온 불만들은 최대한 빨리 해결해주며, 직원들과 스킨십을 위해 개인사도 과감히 줄였다.

세계적인 라이프 코칭 전문가이자 컨설턴트인 스테반 폴란은 "최고의 대화 방법은 듣는 것이다"라고 말했다. 경청은 상대를 존중하는 태도이며 이를 통해 CEO는 직원들에게 더 많은 존중을 받게 되는 영향력 있는 리더십을 발휘하게 된다.

프런티어

최고 리더들이 말하는 성공의 비밀
리더처럼 질문하라

지은이 | 노경목 · 김보라 외
펴낸이 | 김경태
펴낸곳 | 프런티어

제1판 1쇄 인쇄 | 2014년 3월 10일
제1판 1쇄 발행 | 2014년 3월 15일

등록 | 1967년 5월 15일(제2-315호)
주소 | 서울특별시 중구 중림동 441
전화 | (02)3604-553~6(기획출판팀)
       (02)3604-595, 583(영업마케팅팀)
팩스 | (02)3604-599
홈페이지 | http://bp.hankyung.com
전자우편 | bp@hankyung.com
T | @hankbp   F | www.facebook.com/hankyungbp

ISBN 978-89-475-2951-8   13320